BIOGRAPHIE
DES DÉPUTÉS

DE LA
NOUVELLE CHAMBRE SEPTENNALE,

ORNÉE D'UN TABLEAU
REPRÉSENTANT LA SALLE DES SÉANCES ET INDIQUANT
LA PLACE QUE CHAQUE MEMBRE Y OCCUPE;

PUBLIÉE

PAR J. DOURILLE.

Session de 1829.

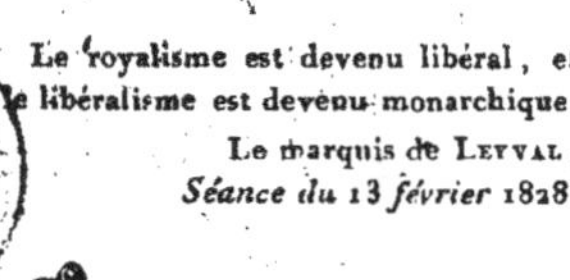

Le royalisme est devenu libéral, et
le libéralisme est devenu monarchique.
Le marquis de LEYVAL,
Séance du 13 février 1828.

Paris.

DAUBRÉE, LIBRAIRE, PASSAGE VIVIENNE,
ET CHEZ TOUS LES LIBRAIRES DU PALAIS-ROYAL.

1829.

BIOGRAPHIE

DES DÉPUTÉS.

Les chiffres correspondent au tableau ci-joint.

PARIS. — IMPRIMERIE DE CASIMIR,
Rue de la Vieille-Monnaie, n° 12.

Tribune pour les dames
Bureau
Tribune du Ministre de l'Intérieur
Tribune réservée
Tribune intérieure du Corps diplomatique
Bureau
CÔTÉ GAUCHE
CÔTÉ GAUCHE
CICERON
BRUTUS

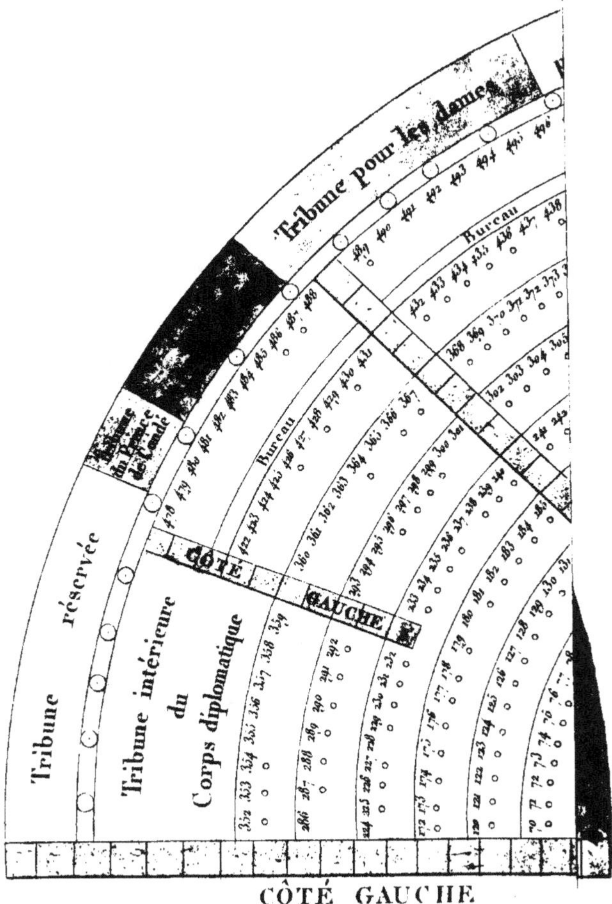

CHAMBRE

BIOGRAPHIE
DES DÉPUTÉS

DE LA

NOUVELLE CHAMBRE SEPTENNALE,

ORNÉE D'UN TABLEAU
REPRÉSENTANT LA SALLE DES SÉANCES ET INDIQUANT
LA PLACE QUE CHAQUE MEMBRE Y OCCUPE ;

PUBLIÉE

PAR J. DOURILLE.

Session de 1829.

Le royalisme est devenu libéral, et
le libéralisme est devenu monarchique.
Le marquis de LEYVAL,
Séance du 13 février 1828

Paris,

DAUBRÉE, LIBRAIRE, PASSAGE VIVIENNE,

ET CHEZ TOUS LES LIBRAIRES DU PALAIS—ROYAL.

1829.

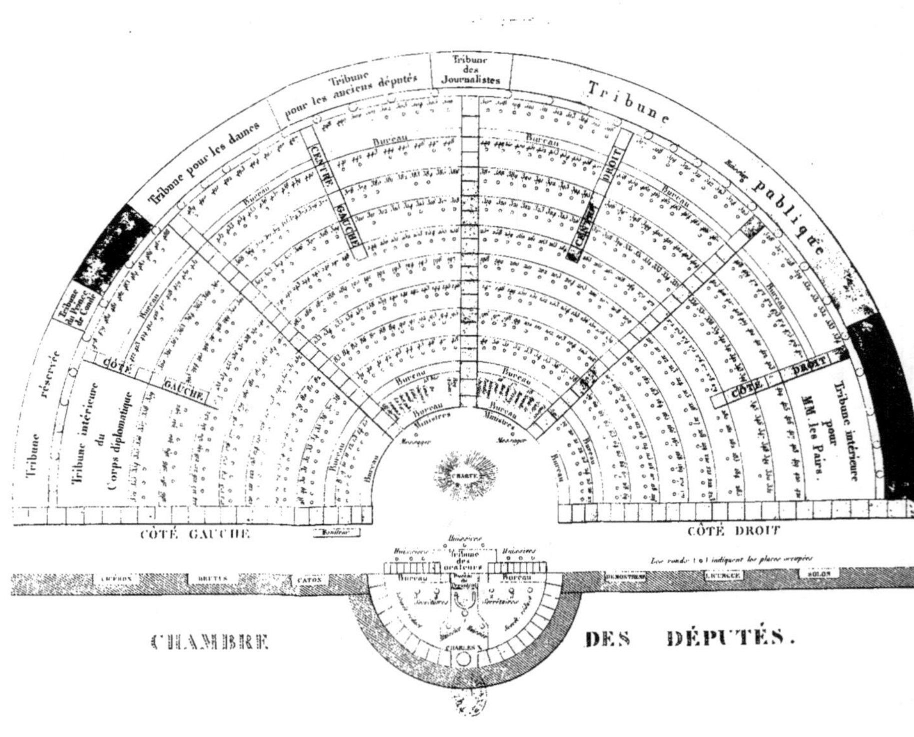

CHAMBRE DES DÉPUTÉS.

DISCOURS DU ROI

POUR L'OUVERTURE DES CHAMBRES.

Session de 1829.

------- ➤ ◄ -------

Paris, 27 janvier 1829.

MESSIEURS,

J'AIME à vous voir chaque année réunis autour de mon trône pour vous occuper de concert avec moi, des grands intérêts de mon peuple ; cette satisfaction est d'autant plus vive aujourd'hui que j'ai d'heureuses communications à vous faire et d'importans travaux à vous confier.

Mes relations avec les puissances continuent à être amicales. Les assurances que je reçois de mes alliés m'offrent la garantie que, malgré les événemens qui ont ensanglanté l'Orient, la paix ne sera pas troublée dans le reste de l'Europe.

Pour hâter la pacification de la Grèce, j'ai, d'accord avec l'Angleterre et la Russie, envoyé en Morée une division de mes troupes, et à la vue de quelques milliers de Français déterminés à accomplir leur noble tâche, cette célèbre terre, trop long-temps ravagée, a été rendue à la paix et à la sécurité. Là, comme à Navarin, l'union des pavillons a attesté au monde le respect des trois couronnes pour la foi des traités, et mes soldats se plaisent à raconter le loyal appui qu'ils ont trouvé dans la marine anglaise.

Une déclaration formelle, notifiée à la Porte, a placé la Morée et les îles qui l'avoisinent sous la protection des trois puissances : cet acte solennel suffira pour rendre inutile une occupation prolongée. Je continue à aider les Grecs, à relever leurs ruines, et mes vaisseaux ramènent au milieu d'eux ces esclaves chrétiens, que la pieuse générosité de la France a rendus à leur patrie et à la liberté.

Tant de soins n'auront pas été infructueux : j'ai lieu de croire que la Porte, mieux éclairée, cessera de s'opposer à l'exécution du traité du 6 juillet ; et l'on peut espérer que ce premier rapprochement ne sera pas perdu pour le rétablissement de la paix en Orient.

La situation de l'Espagne m'a permis de rappeler les troupes que j'avais laissées à la disposition de S. M. C. Mes soldats ont revu leur patrie, après avoir reçu de toutes les populations qu'ils ont traversées des témoignages d'estime et de regrets dus à leur excellente discipline. Des avances considérables avaient été faites au gouvernement espagnol : une convention vient d'être souscrite pour en régler le remboursement.

(v)

L'espérance que je conserve encore d'obtenir du Dey d'Alger une juste réparation, a retardé les mesures que je puis être forcé de prendre pour le punir; mais je ne négligerai rien de ce qui doit mettre le commerce français à l'abri de l'insulte et de la piraterie, et d'éclatans exemples ont déjà appris aux Algériens qu'il n'est ni facile, ni prudent de braver la vigilance de mes vaisseaux.

Des engagemens contractés par une ancienne colonie française avaient cessé d'être exécutés. Après m'être assuré que cette inexécution était le résultat de l'impuissance, j'ai dû consentir à ouvrir avec elle une négociation plus efficace pour l'intérêt des colons et du commerce.

Plusieurs de mes sujets avaient eu à souffrir des mesures prises par l'empereur du Brésil dans sa guerre avec la république de Buénos-Ayres; quelques bâtimens leur avaient été enlevés. La convention que je viens de ratifier, en consacrant sur les blocus un principe conservateur toujours maintenu par la France, leur assure la restitution de leurs propriétés et une indemnité proportionnée à leur perte. Dans cette occasion, comme dans toutes les autres, je dois des éloges à la marine française, qui se montre digne de sa haute mission.

Les secousses successives qui ont agité quelques-uns des nouveaux états de l'Amérique du Sud, ont laissé de l'incertitude sur la situation politique de ces états, et rendu difficile l'établissement régulier de nos relations avec eux. Le moment n'est pas éloigné sans doute, où je pourrai donner à ces relations une stabilité utile à mes sujets : en attendant, j'ai préposé des consuls à la surveillance de leurs intérêts.

Telle est, Messieurs, l'heureuse situation de nos rapports avec les puissances étrangères. *Quels que soient au surplus les évènemens que l'avenir nous réserve, je n'oublierai jamais que la gloire de la France est un dépôt sacré, et que l'honneur d'en être le gardien est la plus belle prérogative de ma couronne.*

L'ordre et la paix règnent dans l'intérieur; l'industrie française, déjà si justement estimée, s'honore chaque jour par des progrès nouveaux. Quelques parties de notre agriculture et de notre commerce sont en souffrance; mais j'espère qu'il me sera possible d'adoucir le mal s'il ne m'est pas donné de le guérir.

La longue intempérie des saisons et les retards fâcheux qu'a éprouvés la moisson des céréales, ont, pendant quelques semaines, éveillé la sollicitude de mon gouvernement. De pénibles incertitudes sur l'état de nos ressources n'ont pas tardé à se dissiper devant des renseignemens plus positifs. La subsistance de tous est assurée ; et si le prix des grains en augmentant l'aisance du cultivateur, accroît pour quelques momens la gêne de l'indigent, la Providence a créé la bienfaisance pour venir au secours de ceux qui souffrent.

La presse affranchie jouit d'une liberté entière ; si la licence, sa funeste ennemie, se montre encore à l'abri d'une loi généreuse et confiante, la raison publique qui s'affermit et s'éclaire, fait justice de ses écarts ; et la magistrature fidèle à ses nobles traditions connaît ses devoirs, et saura toujours les remplir.

Le besoin de placer à l'abri de toute atteinte la religion de nos pères, de maintenir dans mon royaume l'exécution des lois, et d'assurer en même temps, parmi nous, la perpétuité du sacerdoce, m'a déterminé, après de mûres réflexions, à prescrire des mesures dont j'ai reconnu la nécessité. Ces mesures ont été exécutées avec cette fermeté prudente qui conciliait l'obéissance due aux lois, le respect dû à la religion, et les justes égards auxquels ont droit ses ministres.

Des communications vous seront faites sur l'état de nos finances : vous serez satisfaits d'apprendre que les prévisions du budget des recettes pour 1828, ont été dépassées. Ce surcroît de prospérité n'a pas dû porter atteinte au système d'économie dans lequel mon gouvernement doit chercher à pénétrer chaque jour davantage, sans oublier toutefois que les dépenses utiles sont aussi des économies.

De nombreux travaux occuperont la session qui s'ouvre aujourd'hui. Vous aurez à discuter un Code destiné à l'armée, ce qui mérite une sérieuse attention ; la loi sur la dotation de la chambre des Pairs, et plusieurs autres lois dignes de tout votre intérêt, vous seront aussi présentées.

Un projet grave et important appellera surtout votre sollicitude. Depuis long-temps on s'accorde à reconnaître la nécessité d'une organisation municipale et départementale, dont l'ensemble se trouve en harmonie avec nos institutions. Les questions les plus difficiles se rattachent à cette organisation. Elle doit assurer aux communes et aux départemens une juste part dans la gestion de leurs intérêts ; mais elle doit conserver aussi au pouvoir protecteur et modérateur qui appartient à la couronne, la plénitude de l'action et de la force dont l'ordre public a besoin. J'ai fait préparer avec soin un projet qui vous sera présenté. J'appelle sur ce projet toutes les méditations de votre sagesse, et j'en confie la discussion à votre amour du bien public et à votre fidélité.

Chaque jour me révèle davantage l'affection de mes peuples et me rend plus sainte l'obligation que j'ai contractée de consacrer ma vie à leur bonheur. Cette noble tâche, que vous m'aiderez à remplir, Messieurs, doit devenir de jour en jour plus facile.

L'expérience a dissipé le prestige des théories

insensées. La France sait bien comme vous sur quelle base son bonheur repose, et ceux qui le chercheraient ailleurs que dans l'union sincère de l'autorité royale et des libertés que la Charte a consacrées, seraient hautement désavoués par elle. Cette union, Messieurs, vous êtes appelés à la rendre plus étroite et plus solide. Vous remplirez cette heureuse mission en sujets fidèles, en loyaux Français, et l'appui de votre Roi ne manquera pas plus à vos efforts que la reconnaissance publique.

BIOGRAPHIE

DES DÉPUTÉS.

Session de 1829.

A.

ABZAC DE LA DOUZE (le marquis d'),

[Dordogne], — *centre droit* (267).

Ce noble périgourdin fut arraché pour la première fois à la vie paisible en l'an de grâce 1815.
Transporté à la chambre introuvable, il y vota avec
cette fameuse majorité qui voulait nous ramener
au bon temps. On assure que ses principes ont
subi quelques modifications, et que, bien qu'il ait
été réélu sous l'influence de l'absolutisme, il n'est
nullement disposé à prêter son appui aux ennemis
de nos institutions. M. le marquis d'Abzac était
rentré dans la vie privée depuis l'ordonnance du 5

1

septembre, qui prononça la dissolution de la plus frénétique de nos assemblées législatives. Les ré-élections de 1827 l'ont renvoyé au Palais-Bourbon où, jusqu'à présent, il n'a parlé ni fait parler de lui.

ACHARD DE BONVOULOIR (le comte),

[Manche] , — *extrême droite* (117)·

C'est un des partisans les plus décidés de l'ancien régime. Député aux États—généraux par le bailliage de Coutances, il protesta, le 30 mai 1789, contre la double députation accordée au tiers—état pour balancer les deux ordres privilégiés, et, le 2 octobre de la même année, proposa d'autoriser le prêt à intérêt afin de favoriser la circulation du numéraire. Le 11 mai 1791, M. de Bonvouloir combattit le projet de décret qui établissait l'égalité des partages dans les successions, et signa la protestation des 12 et 15 septembre suivant contre les innovations de l'assemblée constituante ; il protesta aussi contre l'abolition des priviléges et des coutumes de Normandie, et disparut dès-lors de la scène politique. Sa nomination à la nouvelle chambre est le résultat d'une combinaison jésuitique de la part du ministère Villèle. Il remplace M. de Kergolai que ce ministère a compris dans la dernière fournée de pairs, et siége parmi les débris du bataillon des trois cents.

AGIER (le comte),

[Deux-Sèvres], — centre droit (319).

Fils d'un procureur du Roi près le tribunal de Niort. Son début sur la scène politique fut un acte de courage et de générosité. Impliqué dans le complot de Moreau et privé de défenseur, le jeune Tache pouvait mourir sous le glaive des lois. M. Agier se chargea de sa défense, et parvint non-seulement à le sauver lui même, mais encore à sauver le père de cet infortuné qui courait le même danger. M. Agier fut nommé auditeur à la cour impériale en 1808, et substitut du procureur général près la même cour en 1810. A la restauration, il se prononça ouvertement pour le nouvel ordre de choses, et lors du retour de Napoléon de l'île d'Elbe, il refusa sa signature à l'acte additionnel. Membre de la chambre introuvable, il vota avec les ultra-royalistes dont se composait la majorité. Cet honorable député est revenu à des principes plus modérés, et a fini par se dévouer entièrement au maintien de nos institutions. Il était colonel de la douzième légion de cette garde nationale que la hache du triumvirat Villèle a frappée. Une telle violence le révolta, et il la flétrit à la tribune de son énergique éloquence. M. Agier a voté contre toutes les mesures exceptionnelles, présentées dans les sessions qui ont précédé celle de 1828, et a rempli avec autant d'impartialité que de courage le mandat qui lui fut confié dans l'affaire de l'infâme Contrafatto. Réélu par les amis des libertés publiques, il n'a cessé, dans la nouvelle chambre, de se montrer digne de leurs suffrages. **M.** Agier a été un des rédacteurs du *Conservateur* qui parut en 1819 et 1820.

AGUILLON (Alexandre),

[Var], — *côté droit* (164).

C'est un négociant de Toulon, assez généralement estimé et à qui on ne reproche que de petites persécutions exercées après les *cent jours* contre de braves gens dont l'opinion différait quelque peu de la sienne. M. Aguillon a siégé dans la chambre introuvable, et a voté avec la majorité qui força le trône à la dissoudre. Il paraît que depuis cette époque les principes politiques de l'honorable membre ont subi de salutaires modifications, car en 1824, comme en 1827, il a été réélu contre le gré du ministère vandale.

AIGLE (le comte de l'),

[Oise], — *centre droit* (99).

Député pour la première fois en 1824, a siégé jusqu'à la dissolution de la chambre Villèle parmi les amis de ce ministre, et voté pour toutes les lois exceptionnelles qu'il lui a plu de présenter. Cet honorable membre a été réélu en 1827 par l'influence du parti congréganiste. Il est maréchal-de-camp : nous ignorons à quels hauts faits il doit ce grade, car son nom n'est point inscrit dans nos fastes militaires ; tout ce que nous pouvons affirmer c'est que, considéré comme orateur, le noble comte n'est pas un aigle.

ALLENT (le chevalier Pierre-Alexandre),

[Pas-deCalais], — *centre gauche* (246).

Né à Saint-Omer en 1770, a commencé sa carrière militaire dans l'arme du génie, sous le général Carnot. Il fut successivement nommé, par Napoléon, chevalier, chef de bataillon du génie et maître des requêtes. A la restauration, il devint aide-major-général de la garde nationale de Paris, puis chef d'état-major-général de toutes celles du royaume ; enfin conseiller d'État. Il remplace à la nouvelle chambre septennale M. le comte de Bryas, mort pendant la session de 1828. M. Allent est connu par son attachement à nos institutions et par des connaissances peu communes. C'est pour la première fois qu'il est appelé à la législature.

ALZON (le vicomte Henri d'),

[Hérault], — *extrême droite* (222).

Il avait pour concurrent, aux dernières élections, M. Quesnel, candidat constitutionnel. Le noble vicomte ne l'emporta sur ce dernier que de deux voix et à l'aide de cinq faux électeurs. La chambre de 1828, après une discussion passablement orageuse, mit en délibération l'admission de M. d'Alzon. La première épreuve parut douteuse ; on procéda à une seconde qui ne le fut pas moins ; mais MM. les secrétaires ayant déclaré, après s'être consultés quelque temps, que la majorité était en sa faveur, M. le vicomte fut proclamé député par M. le président. Cet honorable membre n'avait fait partie d'aucune législation avant 1828.

AMAT,

[Hautes-Alpes], — *centre droit* (507).

Un citoyen de ce nom a siégé à l'assemblée législative pour le même département. Nous avons fait d'inutiles démarches pour savoir si M. Amat avait quelque chose de commun avec son homonyme, qui votait, en 1791, pour les intérêts du pouvoir. Tout ce que nous pouvons dire d'exact c'est que ce nom avait disparu depuis 1792 de la liste de nos législateurs, et qu'il n'y a été rétabli qu'en 1828. Ajoutons que l'honorable membre n'a point encore pris la parole, ce qui nous prive de parler de ses talens oratoires.

ANDIGNÉ DE LA BLANCHAYE (le marquis d'),

[Maine-et-Loire], — *centre gauche* (89).

Il remplace M. d'Andigné de Mayneuf, si connu par son dévouement à M. de Villèle, qui a oublié de le comprendre dans sa dernière fournée de pairs. M. d'Andigné de la Blanchaye, dont la carrière législative a commencé en 1828, diffère beaucoup de son prédécesseur : il aime la Charte presqu'autant que son Roi.

ANDIGNÉ DE RESTEAU (le baron d'),

[Sarthe], *centre droit* (206).

Cet honnête Manceau est maire de la petite commune de Maigné, membre du conseil général de son département et l'un des antagonistes les plus ardens de *l'ordre légal*. Député à la chambre Villèle, il y a voté pour tous les projets de loi conçus par le vandale triumvirat. Réélu en 1827 par le grand collége de la Sarthe, il a repris la place qu'il occupait au centre ; mais il ne vote qu'avec les amis de l'ex-président du conseil.

ANDRÉ (Jean-Pierre d'),

[Lozère] , — *centre droit* (329).

Il faut bien se garder de le confondre avec son homonyme du Haut-Rhin. M. d'André est un de ces hommes dont la carrière politique offre les plus singuliers contrastes. En 1795, il fut envoyé par la Lozère au conseil des Cinq cents, et, le 21 janvier 1796, ayant été appelé le troisième dans cette assemblée pour prêter le serment imposé à chacun de ses membres, il s'exprima dans ces termes : « *Je jure* » *haine à la royauté et à toute espèce de tyran-* » *nie, quel que soit le masque dont elle voulût* » *se couvrir ; car le tyran coiffé d'un bonnet* » *rouge me fait autant d'horreur que le tyran* » *couronné.* » Cet addition à la formule prescrite indisposa le président qui crut devoir la rappeler aux autres députés, et les inviter à s'y renfermer. Plus tard, M. d'André attaqua la loi du 3 brumaire qui excluait des fonctions publiques les parens des émigrés, et, le 10 pluviose an 5, à l'occasion des désordres de Toulouse, il appuya les députés de son parti qui accusaient les *démocrates* de les avoir provoqués ; il s'engagea même à signer une dénonciation contre les autorités de Toulouse, et à prouver sa complicité avec les *terroristes*. Il ne se signala pas moins dans la question du serment de haine à la royauté auquel le Directoire proposait de soumettre les électeurs. Au 18 fructidor, les Clichiens s'étaient réunis chez lui pour rédiger d'inutiles protestations; un détachement de chasseurs les dispersa, et M. d'André sut se soustraire à la déportation par une prompte fuite. Réfugié en Allemagne, où il protesta de son attachement aux Bourbons, il reparut en France après le 18 brumaire, et fut placé sous la surveillance des autorités de Toulouse. Au retour de Louis XVIII, il reçut à la fois de ce prince des lettres de noblesse et la croix de la légion d'honneur. Envoyé à la chambre de 1815 par le département de la Lozère, il y vota avec la majorité. Réélu depuis, il a soutenu de tout son pouvoir les projets désastreux du triumvirat ministériel dont l'opinion publique a fait enfin justice. Maintenant il figure parmi les débris du ministère Villèle; mais il est à croire que, partisan des majorités, il changera bientôt de place.

M. d'André est juge-de-paix à Mende et membre du conseil général du département de la Lozère.

ANDRÉ (Pierre d'),

[Haut-Rhin], — *centre gauche* (242).

M. d'André, conseiller à la cour royale de Colmar, a toujours été l'ami des libertés publiques. Député au conseil des Cinq cents, il appuya le projet de Villiers, sur les finances, proposa de faire payer en espèces les cédules souscrites par les acquéreurs de biens nationaux, fit une motion d'ordre contre les maisons de jeu, réclama contre la loi qui, depuis le 18 fructidor, avait mis les journaux à la discrétion du Directoire, et contre l'impôt sur les tabacs. M. d'André se prononça fortement en faveur du projet relatif aux écoles primaires et vota pour la mise en jugement des émigrés naufragés à Calais. Opposé aux événemens qui préparaient la constitution de l'an 8, il fut exclu du corps législatif au 18 brumaire. Depuis cette époque il ne reparut plus dans nos assemblées nationales. Les électeurs de Colmar se sont rappelé ces honorables antécédens lors des dernières élections, et ont réuni leurs suffrages sur un des hommes les plus distingués du Haut-Rhin. M. d'André ne laisse jamais passer l'occasion de donner des preuves de son patriotisme éclairé.

ANGOSSE (Casimir d'),

[Hautes-Pyrénées], — *centre gauche* (445).

C'est le frère du noble pair de ce nom. M. Casimir d'Angosse a fait ses études à Sorrèze et rempli les fonctions de sous-préfet sous le gouvernement impérial. La carrière législative de cet honorable citoyen a commencé en 1828. Élu député par le collége d'Orthez, après la dissolution de la chambre Villèle, il a pris place parmi les amis de l'ordre légal et a voté en faveur des améliorations de nos institutions.

ANGOT,

[Manche], — *centre gauche* (135).

Ce député, connu par d'honorables sentimens
et par ses opinions constitutionnelles, a remplacé
à la chambre élective l'honnête M. Avoine de Chan-
tereine, l'un des trois cents de M. de Villèle.
M. Angot, pendant la dernière session, a prononcé
un fort beau discours, et voté constamment avec
le côté gauche.

Un M. Angot, de la Manche, a siégé à l'assemblée législative : nous ignorons s'il était parent du
député qui représente si bien l'arrondissement
d'Avranches.

ANTHÈS (le baron d'),

[Haut-Rhin], — (285).

Honnête campagnard, transporté de son domaine de Schultz à la chambre septennale pour
défendre les intérêts de son département et qui
n'a jamais élevé la voix que pour demander la clôture. Réélu en 1827, son admission a donné lieu
à une discussion passablement orageuse. M. Thil,
rapporteur du septième bureau, avait proposé
l'ajournement de cet honorable d'après les faits
contenus dans une pétition signée par 71 électeurs
les plus notables du second arrondissement du
Haut-Rhin. Ces faits étaient la formation irrégulière
du bureau provisoire, l'admission illégale de plusieurs votes nuls pour la composition du bureau

définitif, la majorité donnée à M. d'Anthès à l'aide de bulletins non–admissibles ; enfin l'infraction du secret des votes. Tout cela ne parut pas suffisant au côté droit, et les conclusions du septième bureau furent rejetées malgré les efforts de M. Benjamin Constant qui les appuya de toute son éloquence. Ainsi M. d'Anthès, qu'on avait surnommé dans la chambre septennale *le général de la clôture,* prit place parmi les débris du parti Villèle.

Un jour (c'était le 22 mars 1828), M. d'Anthès, selon sa coutume, s'était endormi dans son coin. On était sur le point d'aller aux voix sur l'admission de M. Lorimier, dont l'élection ne présentait pas moins d'irrégularité que celle de l'honorable baron. Tout-à-coup il se réveille, et, se croyant sans doute encore à la chambre vénale, se met à crier de toute la force de ses poumons : « La clò- » ture ! la clôture ! » Cet à-propos excita une hilarité générale. Le lendemain, le Constitutionnel publia cet article : « Aujourd'hui, pour la première fois depuis l'ouverture de la session, on a entendu à la chambre des députés réclamer *la clôture ;* c'est M. le baron d'Anthès qui a eu l'honneur de l'initiative. »

ARTIGAUX (d'),

[Basses-Pyrénées], — *centre droit* (454).

Encore un nom destiné à enrichir le dictionnaire des Girouettes. Cet honorable fut commissaire du gouvernement révolutionnaire près le tribunal civil d'Oléron, puis procureur impérial et enfin procureur général à Montpellier. Au retour des Bourbons, il se prononça pour leur cause et conserva sa place. Dans les *cent jours*, M. d'Artigaux s'empressa de protester de son attachement pour Napoléon qui le maintint dans ses fonctions; mais en 1816, il fut destitué pour avoir prononcé un discours très-virulent contre la famille royale dans la chambre des représentans dont il faisait partie. Réintégré en 1819, à force de démarches et d'instances auprès du gouvernement, il fut nommé député dans le courant de la même année par le département des Basses-Pyrénées, et vota pour les lois d'exception de 1820. Réélu en 1827 par le parti Villèle, il prit place au centre droit et vota de manière à se ménager, comme on dit, *la chèvre et le chou*, pendant la session de 1828. On espère qu'en 1829 M. d'Artigaux restera avec les constitutionnels, si le ministère *d'espérance* n'est pas culbuté par la faction jésuitique.

ASSELIN DE VILLEQUIER (le baron),

[Seine-Inférieure], — *côté gauche* (12).

M. Asselin de Villequier est premier président de la cour royale de Rouen et officier de la légion d'honneur. Membre du conseil des Cinq cents en 1798, il s'y fit remarquer par son attachement aux intérêts populaires autant que par la modération de ses opinions politiques. Il ne figura point parmi les membres du corps législatif. Appelé par les suffrages de ses concitoyens à la chambre des *cent jours*, il y vota avec les amis d'une sage liberté. Après avoir demeuré douze ans étranger aux travaux législatifs, il fut réélu en 1827 par le grand

collége de Rouen. Depuis cette époque M. Asselin
de Villequier n'a cessé de donner des gages de son
amour pour nos institutions. C'est un de ces hommes
dont parle Quintilien, *habiles à bien faire et à
bien dire.*

AUDRY DE PUYRAVAULT,

[Charente-Inférieure] , — *extrême gauche* (225).

Des vertus, des sentimens éminemment français
recommandent cet excellent citoyen à l'estime nationale. Honoré pour la première fois du choix
des électeurs de Rochefort, il a pris place au côté
gauche et justifié, pendant la session 1828, l'opinion
que ses commettans avaient de la noblesse de son
caractère et de son patriotisme; aussi, à son retour
dans la Charente-Inférieure, se sont-ils empressés
de le fêter. M. Audry de Puyravault n'est pas un
grand orateur, mais son vote sera toujours pour le
maintien de nos institutions et pour l'amélioration
que réclament les intérêts populaires.

AUGIER (le comte d'),

[Vaucluse] , — *centre droit* (458).

Contre-amiral, grande croix de la légion d'honneur, grand officier de Saint-Louis , etc. C'est
l'homme des majorités : depuis 1815, d'introuvable mémoire, jusqu'en l'an de grâce 1828, il a
été de toutes celles qui se sont succédées.
Issu d'une famille noble, cet honorable entra
au service dans la marine en 1786 et fut nommé

capitaine de vaisseau le 21 mars 1796. Il eut, dit-on, quelques velléités d'émigration; mais, ennemi des minorités, il jugea prudent de ne pas faire partie de celle des Français qui abandonnaient leur pays dans ces momens d'orage; il demeura en France et fit bien, car les Anglais lui fournirent l'occasion d'acquérir quelque gloire, s'il faut s'en rapporter au biographe qui nous fournit ces faibles renseignemens. Quoiqu'il en soit, le noble comte ne fit pas grand bruit jusqu'à la restauration : il était pourtant alors commandant de la marine de la garde... Louis XVIII le nomma chef de la marine du port de Brest, ensuite préfet du quatrième arrondissement maritime. Dans les cent jours, il pensa que la *majorité* était dans les armées étrangères, et se prononça pour elles, ce qui fit qu'au second retour du Roi, M. le comte fut réintégré dans sa place, qu'il avait perdue pendant l'*interrègne*. En 1816, il succéda à l'amiral Gordon dans le commandement de la marine à Rochefort. Depuis, comme nous l'avons dit, il a été membre de presque toutes nos assemblées législatives. M. le comte d'Augier parle très-peu, mais il assiste régulièrement aux séances de la chambre. C'est un homme de cinq pieds sept pouces et d'une maigreur extrême; il n'a que la peau sur les os.

B.

BABEY (François),

[Jura], — *côté droit* (274).

Conseiller à la cour royale de Besançon. Il remplace M. Nicod de Ronchaud, décédé avant l'ouverture de la session 1828. Est-il parent de ce M. Babey qui, en 1791, proposa à la convention nationale, dont il faisait partie, de suspendre le Roi de ses fonctions jusqu'à ce que la constitution fut achevée, et de le déclarer ensuite déchu du trône s'il ne l'acceptait pas? ou bien le député du Jura ne serait-il autre que l'auteur de cette proposition audacieuse? c'est ce que nous ignorons; mais nous pouvons affirmer que c'est pour la troisième fois, depuis la restauration, que l'honorable conseiller à la cour royale de Besançon siége à la chambre élective. En 1815, d'introuvable mémoire, il vota avec la majorité de la législature frénétique dont la sagesse royale fit enfin justice en prononçant sa dissolution. Réélu en 1821, il siégea jusqu'en 1824 parmi le bataillon dont M. de Villèle était le chef. Depuis cette époque, ses principes ont subi quelques modifications. Membre de cette noble et courageuse magistrature qui a acquis tant de droits à notre reconnaissance, M. Babey a, dit-on, suivi l'exemple des Hyde de Neuville, des Gautier et autres loyaux députés; abjurant une erreur qui avait pris sa source dans un ardent amour pour la légitimité, il s'est séparé de la cause du ministère vandale qui a trop long-temps pesé sur la France. On assure que ce magistrat veut franchement le maintien de nos institutions et qu'il vote avec les amis des libertés publiques. *Ainsi soit-il.*

BACOT DE ROMAND (le baron Claude-Réne),

[Indre-et-Loire], — *extrême droite* (69).

Né à Tours en 1780, il doit le jour à un riche négociant de cette ville. Il reçut une brillante éducation et la perfectionna dans les voyages qu'il fit en Allemagne et en Italie. Napoléon, qui savait apprécier le mérite et les talens, le nomma, jeune encore, auditeur à son conseil-d'État, ensuite sous-préfet de l'arrondissement de Tours. Il occupait encore ce poste au retour des Bourbons; il y fut maintenu par Louis XVIII. Dans les cent jours, M. Bacot refusa de prêter serment à l'Empereur; et ce refus lui valut, à la seconde restauration, la préfecture de Loir-et-Cher. Les électeurs de ce département l'envoyèrent à la chambre de 1815, et il y vota constamment avec cette majorité dont l'exaltation pouvait produire de graves événemens si la sagesse du monarque ne les eût prévenus en prononçant sa dissolution. Nommé préfet d'Indre-et-Loire, il fut créé baron en faveur de son mariage avec mademoiselle de Romand dont le Roi l'autorisa à porter le nom. Sous le ministère de M. Decaze, l'honorable baron perdit sa préfecture; mais il fut dédommagé de cette disgrâce par les suffrages des électeurs du dernier département qu'il avait administré; porté par eux à la chambre des députés, il a répondu dignement à l'attente de ses commettans. M. Bacot de Romand, *rompant tout pacte avec l'iniquité*, a été dans la dernière session un des plus chaleureux antagonistes du ministère Villèle ; il en a combattu avec une généreuse indignation tous les projets désastreux. Réélu en 1827 par le même département, et nommé directeur général des impositions indirectes en remplacement du jésuite Benoist, il n'a cessé, depuis l'ouverture de la session actuelle, de se montrer fidèle aux principes qu'il avait émis dans la chambre septennale contre un *système déplorable*. M. Bacot de Romand est un de ces hommes qui honorent le plus l'époque actuelle tant par la noblesse de ses sentimens que par son attachement aux institutions nationales. Il a la figure prévenante et des manières qui commandent l'estime et la confiance. Son élévation a produit une satisfaction générale. La séance du 10 mars 1828 a prouvé que son avènement au pouvoir n'avait apporté aucun changement dans ses principes politiques.

Voici un fragment du discours qu'il y a prononcé en demandant la suppression de la commission Laboissière, instituée par la chambre vénale. « Il » dépend de la chambre des députés, a t-il dit, » il dépend de la dignité de ses débats, de la cou- » leur de ses discussions de faire renaître l'harmonie, » l'esprit de conciliation et de paix entre tous les » Français. Plus d'interpellations fâcheuses, plus » d'inculpations gratuites, plus de soupçons inju- » rieux ; qu'aucune fraction de l'assemblée ne soit » désormais signalée comme hostile, soit envers la » légitimité, soit envers la Charte ; nous sommes » tous gens d'honneur ; nous avons prêté serment

» au Roi et à la Charte, et nous nous tiendrions
» tous également offensés si on nous accusait de
» vouloir forfaire à nos sermens sur un point ou
» sur un autre. Ne serait-il pas également injuste
» d'accuser les uns de vouloir remonter à l'ancien
» régime, qui n'est plus qu'un rêve, ou de re-
» venir à la révolution, qui inspire aux générations
» anciennes et nouvelles une si profonde horreur?»

BAILLIOT,

[Seine-et-Marne], — *côté gauche* (128).

Il a été nommé à Melun par une majorité de
232 voix sur 330. Le noble vicomte Emmanuel
d'Harcourt, député sortant et candidat villéliste,
ne put en réunir que 66. M. Bailliot, dont le nom
n'avait point encore figuré sur la liste de nos députés, est un excellent patriote. C'est par suite de
l'option de M. Royer-Collard pour l'arrondissement
de Vitry-le-Français que M. Bailliot fut porté à la
législature. Il n'a point encore paru à la tribune.

BALGUERIE AINÉ,

[Gironde], — *centre gauche* (187).

C'est un riche négociant de Bordeaux; il jouit
d'une réputation justement acquise d'homme probe
et de citoyen dévoué aux intérêts populaires. Élu
pour la première fois en 1827, par l'arrondissement de Blaye, cet honorable député prit place au
centre gauche, et depuis cette époque il s'est montré tel qu'il a toujours été, ami des institutions

garanties par la Charte, et avare des deniers des contribuables.

BALGUERIE (Junior),

[Gironde], — côté gauche (181).

Sa carrière législative a également commencé en 1828. Frère du précédent, il partage ses principes. M. Balguerie a été nommé par la ville qui a retiré sa confiance à M. le comte Peyronnet. Son vote est celui d'un bon Français.

BARON (le baron),

[Var], — centre droit (401).

Officier de la légion d'honneur et chevalier de Saint-Michel. C'est un ancien garde-magasin de l'armée impériale en Italie. M. Baron est aujourd'hui directeur du Mont de Piété. Cet honorable fut élu pour la première fois en 1821, et depuis cette époque, il n'a cessé de faire partie de la chambre. Il est monté deux fois à la tribune; savoir : le 16 mars 1825 pour répondre à M. Casimir Perrier, qui prétendait que le Mont de Piété avait prêté six millions à un banquier, et le 2 ou le 3 du mois suivant, pour répondre au même orateur qui venait de démontrer avec sa précision ordinaire que le Mont de Piété prêtait à 20 et 22 pour cent par an. L'assemblée ne parut pas plus satisfaite de son éloquence que de ses raisonnemens; aussi M. le baron Baron a eu le bon esprit de se borner à déposer ses boulettes en faveur des projets déplorables du ministère vandale. Réélu en 1827, il a repris la place qu'il occupait auprès de l'honorable juge-de-paix de Mende. M. le baron Baron est le beau-frère de M. le marquis de Pastoret, vice-président de la chambre des pairs.

BARROIS,

[Nord], — *côté droit* (275).

A son retour d'un voyage qu'il fit en Grèce, M. Barrois fut nommé adjoint du maire de Lille ; mais encore animé des sentimens de cette noble indépendance que lui avait inspirée la patrie des Léonidas et des Phocion, il se démit bientôt de sa place, ne voulant point, disait-il, participer aux actes d'une administration dont il avait dénoncé les abus. Une telle conduite détermina les électeurs de Lille à le nommer député en remplacement de M. de Marchangy. Leur désappointement fut grand lorsqu'ils apprirent que celui qu'ils venaient d'envoyer à la chambre pour défendre leurs intérêts avait passé sous les drapeaux de M. de Villèle ! Ils s'étaient bien promis de ne plus se laisser prendre aux belles démonstrations ; mais il fallait que le département du Nord fournît dix députés ministériels, autant vallait M. Barrois qu'un autre ; il a donc été réélu. Des personnes, que nous croyons biens informées, nous ont assuré qu'il sera libéral cette année par dévouement pour les majorités, à moins toutefois que M. de Labourdonnaye ne soit appelé au ministère.

BASTOULH (de),

[Haute-Garonne], — *côté droit* (160).

Il est procureur général près la cour royale de Toulouse. C'est à l'influence des congrégations qu'il doit sa nomination à la nouvelle chambre où il n'avait pas encore eu l'honneur de siéger avant la dernière session. M. de Bastoulh pense comme M. de Villèle et vote comme M. Ravez. Son père est professeur à l'école de droit de Toulouse.

BAVOUX,

[Seine, septième collége], — *centre gauche* (178).

Appartient à cette courageuse magistrature à qui la France doit en partie la conservation de ses institutions. M. Bavoux, qui a pris place pour la première fois en 1828 parmi nos législateurs, possède toutes les qualités désirables dans un député. Le barreau lui doit plusieurs ouvrages qui donnent la plus haute idée de ses lumières et de son talent.

BEAUMONT (le vicomte ÉLIE de),

[Dordogne], — *centre droit* (389).

A commencé sa carrière législative dans la chambre septennale. Il y vota quelque temps pour les projets ministériels ; mais bientôt effrayé des dangers auxquels l'audace et l'impéritie du comte de Villèle exposaient la France et la monarchie, il déserta les drapeaux du triumvirat et se réunit aux amis de la Charte et des libertés publiques. Dès-lors il n'a cessé de combattre dans leurs rangs et de s'opposer avec vigueur aux mesures anti-nationales du ministère le plus détesté qui eût encore pesé sur le pays depuis la restauration. Réélu par l'accord des deux oppositions, M. le vicomte de Beaumont prouve chaque jour par ses discours et par son vote que la France n'a pas de mandataire plus digne de sa confiance. Il a été nommé préfet de la Dordogne dans le commencement de 1828.

BEAUQUESNE (le marquis de),

[Tarn-et-Garonne], — *côté droit* (204).

Inconnu avant l'ouverture de la nouvelle chambre, il y a été transporté par les bons électeurs de l'arrondissement de Moissac. Il valait tout autant réélire le noble comte de Caumont dont il partage les opinions. Du reste M. le marquis de Beauquesne n'a pas fait grand bruit à la chambre jusqu'à ce moment. Il s'est borné à déposer des boulettes noires dans l'urne législative lorsqu'on a présenté des projets de loi favorables aux intérêts populaires.

BAUSSET (le marquis de),

[Bouches-du-Rhône], — *côté droit* (471).

C'est un des aides-de-camp du général de *la clôture*, et parent de ce fameux cardinal de Bausset qui se fit une sorte de réputation en publiant l'histoire de Fénélon d'après des manuscrits qu'il avait à sa disposition. Il était officier au régiment du Roi (infanterie) avant 1789. Ignoré jusqu'en 1815, son nom sortit alors de l'urne électorale et figura parmi ceux des membres de la majorité de la chambre *introuvable*. La dissolution de cette chambre le fit rentrer dans l'obscurité, d'où il surgit de nouveau en 1820. Nommé député par le département des Bouches−du−Rhône, M. de Bausset reparut alors parmi nos législateurs. Depuis cette époque jusqu'à la fin de la dernière session, l'honnête marquis a suivi les drapeaux de Villèle. Il n'est pas orateur ; tout son talent consiste à réclamer la clôture avec le baron d'Anthès lorsque des membres du côté gauche montent à la tribune. Il n'a jamais demandé la parole. Les seuls mots suivis qu'il ait prononcés à la chambre sont ceux-ci : « Les bu- » reaux sont rompus... on ne peut pas... on ne » peut plus réunir les bureaux et... » (Séance du 25 mars 1828).

BECQUEY (Louis),

[Haute-Marne] , — *centre droit* (200).

Il est né à Vitry en 1760, et était procureur général-syndic de la Haute-Marne à l'époque de la révolution. Appelé à la chambre législative, il s'y montra dévoué aux intérêts de l'ordre et de la monarchie. Il éleva une voix courageuse en faveur des prêtres non assermentés, embrassa généreusement la défense de Warnier et Delâtre, traduits devant la cour de Vendôme, et insista pour que ces infortunés pussent communiquer avec leurs familles ; repoussa la motion de Lamarque ayant pour

objet le séquestre des biens des émigrés, et demanda
qu'on épargnât du moins la fortune des femmes.
En 1791, M. Becquey s'opposa à la mise en accusation de MM. de Castellane, évêque de Mende,
et Jourdain-Combet, impliqués dans les troubles
de la Lozère, et fut l'un des sept membres qui se
prononcèrent contre le projet de déclarer la guerre
à l'Autriche ; enfin, il réclama des poursuites contre
Chabot–Laclos et autres, auteurs de l'insurrection
du faubourg Saint-Antoine et des désordres du 20
juin ; mais ce fut vainement. L'orage révolutionnaire grondait déjà d'une manière effrayante, et
l'honorable membre jugea prudent de garder désormais le silence, afin de ne point compromettre
inutilement ses jours. Pendant le règne de la terreur,
il vécut dans la retraite et ne reparut sur l'horizon
politique que le 1ᵉʳ mai 1804, époque à laquelle il
entra au corps législatif. En 1812, M. Becquey fut
nommé conseiller de l'université, et à la restauration, conseiller d'État et directeur général du commerce. Les frères Michaud ont vu dans cette élévation une récompense des efforts de M. Becquey sous
le gouvernement impérial pour le rétablissement de
notre royale dynastie. Que ce fonctionnaire, ami
des Bourbons, ait secrètement appelé de ses vœux
le retour de nos princes légitimes, rien de plus
naturel ; mais supposer qu'il y ait concouru en
violant ses sermens, c'est lui imputer une action
déloyale. M. Becquey n'a pas plus trahi Napoléon
qu'il ne trahirait les Bourbons. C'est un de ces
hommes qui ne transigent jamais avec l'honneur.
En sa qualité de conseiller d'État, il parut souvent
à la tribune législative, et y fit décréter la franchise
du port de Marseille. Dans les cent jours, M. Bec-

quey cessa ses fonctions ; il les reprit à la seconde restauration. Député de la Haute-Marne à la chambre introuvable, il y vota avec la minorité constitutionnelle. Le 8 mai 1816, il fut nommé sous-secrétaire d'État au ministère de l'intérieur, et cette place ayant été supprimée, le roi lui confia la direction générale des ponts—et—chaussées. Membre de toutes les législatures qui se sont succédées jusqu'à ce moment, M. Becquey s'est toujours fait remarquer par la modération de ses opinions et l'utilité de ses vues. Sous le rapport administratif, il a été souvent en butte à d'injustes critiques. On lui a reproché de n'avoir pas assez activé les grands travaux entrepris sous sa direction. Cependant M. Becquey n'a rien négligé pour leur achèvement ; si ses efforts n'ont pas répondu à l'attente générale ce n'est pas à cet administrateur qu'il convenait de s'en prendre, mais bien au triumvirat dont le système déplorable a si long-temps entravé les opérations des fonctionnaires les mieux intentionnés.

BELLEMARE (de),

[Calvados], — *centre droit* (387).

C'est un honnête émigré qui veut bien être l'ami de nos institutions. Membre de la chambre vénale, il a voté contre tous les projets du ministère Villèle. M. de Bellemare est maire de Lizieux, et sa réélection a été le fruit des sentimens qu'il s'est acquis par sa paternelle sollicitude envers ses administrés.

BELLISSENS (le marquis de),

[Tarn-et-Garonne], — *extrême droite* (281).

Il est du petit nombre des membres de la chambre servile qui ont su résister aux exigences d'un pouvoir corrupteur. Le nom de cet honorable figure dans la liste des gentilshommes de la chambre du Roi. Un comte de Bellissens (Henri de), chambellan de Napoléon et président du collége électoral du même département, s'exprimait ainsi, en mars 1811, dans une adresse à l'Empereur.... « Les » époques fastueusement écrites dans les annales » du monde ont disparu devant votre gloire immortelle, et le siècle de NAPOLÉON LE GRAND » fixe et fixera seul les regards de la patrie reconnaissante... Les nations que vous avez vaincues » béniront un jour le moment où le héros législateur de la France a déposé dans leur sein le germe » de ses sages institutions. Sire, vos vœux et ceux » de la patrie sont exaucés. Une Impératrice, digne » par ses vertus du premier trône de l'univers, » porte dans son sein le gage de l'accomplissement » de nos hautes destinées. Daigne le Ciel remplir » toutes nos espérances et accorder à nos derniers » neveux des Empereurs héritiers de votre nom » et de votre gloire... »

BENOIT,

[Aveyron], — *centre droit* (208).

Cet honorable député a été appelé pour la première fois à la législature en 1827. Il est juge-de-paix à Rodez, et c'est, dit-on, moins à l'influence de l'ex-triumvirat qu'à la réputation d'homme de bien dont il jouit à Rodez qu'il est redevable de l'honneur qu'il a reçu. M. Benoit s'est fait remarquer par une grande modération pendant la session de 1828.

BÉRARD,

[Seine-et-Oise], — *extrême gauche* (30).

C'est un vrai patriote. Maître des requêtes, il y a quelques années, cet honorable membre fit le sacrifice de sa place pour conserver toute son indépendance. Lors des dernières élections, il donna un nouveau gage de son désintéressement en faisant porter sur M. Bertin de Vaux les voix que lui destinaient les électeurs de Versailles. A ces antécédens qui suffisent pour donner la plus haute idée des sentimens de M. Bérard, nous ajouterons que sa fortune le met à l'abri de toute espèce de séduction ; qu'il est à la fois ami de nos institutions, des beaux arts et des lettres, et qu'il n'a cessé de voter avec les amis des libertés publiques.

BÉRAUD DES RONDARDS,

[Allier], — *côté droit* (279).

Il est conseiller de préfecture. Envoyé à la chambre Villèle par l'arrondissement électoral de Moulins, il a siégé au centre, voté avec les amis du triumvirat et dîné chez le célèbre M. Piet. Réélu en 1827, il s'est assis auprès du centre droit. Quelques velléités d'indépendance lui ont fait, dit-on, choisir cette place ; on assure même que s'il n'avait pas l'espoir de revoir M. de Villèle au banc des ministres, il se serait tout-à-fait prononcé pour le système de ses successeurs. Ne sachant pas encore comment tout cela tournera, cet honorable vote tantôt avec la droite tantôt avec le centre droit. Il est bon d'avoir des amis partout.

BERBIS (le chevalier Henri de),

[Côte-d'Or], — *centre droit* (96).

Officier d'artillerie avant la révolution, il émigra en 1792, rentra après le 18 brumaire, et fut toujours attaché à la cause des Bourbons. Envoyé pour la première fois à la chambre des députés en 1820, il marcha quelque temps sous la bannière de M. de Villèle. La présentation de la loi vandale la lui fit déserter, et depuis cette époque le triumvirat n'eut plus en lui qu'un chaleureux antagoniste. M. de Berbis serait un excellent député, s'il pouvait revenir de son penchant pour des prérogatives surannées. Il est officier de la légion d'honneur et chevalier de Saint-Louis.

BÉRENGER,

[Drôme], — *côté gauche* (185).

Ancien procureur général près la cour impériale de Grenoble et l'un des criminalistes les plus distingués de notre époque. Membre de la chambre

des représentans en 1815, il s'y distingua par de
généreuses propositions développées avec un talent
supérieur. Son beau caractère ne se démentit pas
un instant dans ces circonstances difficiles. Persuadé
que Napoléon seul pouvait délivrer la patrie des
hordes anglo-prussiennes qui en souillaient le sol
depuis le désastre de Waterloo, M. Bérenger se
prononça fortement contre ceux que la pusillani-
mité ou des motifs d'intérêt détachaient de la cause
du grand capitaine, et fit tous ses efforts pour faire
reconnaître Napoléon II comme souverain. Il s'éleva
aussi contre l'hérédité et l'illimitation du nombre
des pairs, et demanda, après l'abdication de l'Empereur, la responsabilité collective du gouvernement provisoire; appuya les mesures de salut public avec des amendemens favorables à la liberté,
et réclama contre l'adresse au peuple, proposée par
Manuel, et qui semblait exclure du trône le fils de
Napoléon. Il fut du nombre des représentans
qui, le 8 juillet, jour de la rentrée de Louis XVIII
à Paris, signèrent la protestation délibérée et ré-
digée chez M. Lanjuinais. Dès que l'assemblée fut
dissoute, il se démit de sa place de procureur général et se retira à Valence. Depuis cette époque
il n'avait plus reparu parmi nos législateurs. Réélu
en 1827, malgré les efforts des absolutistes de
la Drôme, M. Bérenger a pris place au côté gauche;
des discours pleins de force et de vérité ont signalé
son retour à la chambre élective. Depuis la clôture
de la session 1828, il a fait paraître dans le *Constitutionnel* des réflexions sur *l'établissement d'un
système administratif en France*, réflexions que
le ministère actuel ne saurait trop méditer dans le
moment où il s'occupe d'un travail sur l'organisation

communale et départementale qui doit être soumis aux chambres dans la prochaine session.

Cet honorable membre est le fils du député de ce nom à l'assemblée constituante, qui devint successivement président du tribunal criminel de la Drôme et conseiller à la cour royale de Grenoble.

Nous avons de M. Bérenger une excellente traduction des Novelles de l'empereur Justinien, 2 vol. in-4°, et un ouvrage fort estimé qui est dans la bibliothèque de tous nos jurisconsultes; il a pour titre : *De la justice criminelle en France d'après les lois permanentes, les lois d'exception et les doctrines des tribunaux*, 1 fort vol. in-8°, Paris, l'Huillier, 1818.

BERNIS (le marquis de),

[Ardèche], — *extrême droite (217)*.

Candidat du ministère Villèle aux dernières élections, il a remplacé M. le comte de Vogué, compris dans la dernière fournée de pairs. Dans la séance du 29 mars 1828, un membre du côté droit demande la parole; elle lui est accordée et l'on voit un homme à tournure féodale monter gravement à la tribune : c'était M. le marquis de Bernis. Il s'agissait de la pétition des électeurs de Tournon qui réclamaient contre les scandaleuses opérations du collége de leur arrondissement. « Messieurs, » dit l'honorable membre, M. le comte de Montu- » reux, préfet du département de l'Ardèche, y a » laissé d'immenses regrets... (*on rit*); son admi- » nistration fut toute paternelle.... (*on rit plus* » *fort*); toute franche, toute loyale... (*Violens*

murmures.) » Puis concluant à ce que M. le ministre de l'intérieur voulût bien faire rechercher
les faux électeurs : « Peut-être, ajouta-t-il, trou-
» vera-t-on qu'ils sont là où ils n'ont pas été indi-
» qués par la pétition... (*rumeurs diverses*), et
» je suis convaincu qu'il en résultera la preuve de
» l'impartialité et de la bonne foi qui ont présidé
» à la confection des listes électorales.... (*Dé-*
» *négations et rires ironiques.*) » La démission
de M. le Baron Dubay et la destitution de M. de
Montureux suffiraient pour démentir les assertions
de M. le marquis de Bernis, si nous n'avions à ajouter qu'il n'existe pas dans l'Ardêche un seul ami des
libertés publiques qui n'ait à se plaindre de la partialité du magistrat dont on a enfin débarrassé ce
département.

M. le marquis de Bernis est décoré des ordres
royaux de Saint-Louis et de la légion d'honneur.

BERSET (de),

[Mayenne], — *extrême droite* (220).

Membre du conseil de préfecture de son département, il fut élu pour la première fois en 1820 à
l'aide de la loi du double vote, et la seconde fois
en 1827 par l'influence des ennemis du système
Villèle qui ne sont pas tous amis des libertés publiques, témoin MM. de la Bourdonnaye, Du-
plessis-de-Grénédan et compagnie. Cependant nous
croyons pouvoir affirmer que M. de Berset tient à
la stricte observation de la Charte, et que son vote,
s'il n'est pas toujours en faveur des idées nouvelles,
ne leur est du moins pas trop contraire.

BERTIN DE VAUX,

[Seine-et-Oise], — *côté gauche* (13).

C'est un des propriétaires et des principaux rédacteurs du *Journal des débats*. En 1801, il forma, à Paris, une maison de banque avec son frère M. L.-F. Bertin. Juge au tribunal de commerce en 1805, il en devint vice-président. Dès 1814, il se prononça pour la cause des Bourbons. En septembre 1815, le collége électoral du 2ᵉ arrondissement l'élut candidat à la chambre des députés, et au mois d'octobre suivant il devint secrétaire général du ministère de la police, puis secrétaire de la commission du budjet. En 1820 le collége électoral du 2ᵉ arrondissement, qu'il présidait pour la seconde fois, le choisit pour son député. L'indépendance de son caractère lui valut bientôt d'honorables destitutions. Le 16 février 1821, il prononça, contre le projet de loi relatif aux comités, un discours plein de force et de raisonnement. Nommé conseiller d'État par M. de Villèle, et presqu'en même temps président du collége électoral de Versailles, M. Bertin de Vaux, pour conserver le libre exercice de sa conscience, se démit de la première de ces places, et le collége qu'il présidait le réélut en 1824 à une très-forte majorité. Depuis cette époque jusqu'à la chûte du ministère vandale qui pesait sur la France, l'honorable député n'a cessé de le flétrir de son éloquence, tant à la tribune que dans le *Journal des débats*. Son beau caractère a été apprécié de tous les bons citoyens, et sa réélection en 1827 eut lieu par l'accord des deux oppositions. Nous sommes étonnés que le nouveau ministère ne lui ait pas encore offert une direction générale. Espérons! il vient d'être réintégré dans sa place de conseiller d'État.

BESSIÈRES,

[Dordogne], — *centre gauche* (188).

Est-il parent du maréchal de ce nom et dont l'éloge se trouve dans ces paroles du grand homme qui balança si long-temps les destinées de l'Europe : « Ses qualités, se développant avec les circonstances, » le montrèrent toujours à la hauteur de sa fortune. » On vit Bessières constamment bon, humain, gé- » néreux, d'une loyauté, d'une droiture antique ; » soldat, homme de bien, et citoyen honnête » homme...? » Telle est la question qu'on s'est faite à la chambre dans la séance du 17 février 1828 après avoir entendu le discours qu'a prononcé l'honorable membre à l'occasion des élections du Lot, discours qui lui assigne une place distinguée parmi les éloquens défenseurs de nos libertés. Ce courageux et loyal député, après avoir signalé la violence et l'audace employées par le préfet du Lot envers les électeurs, s'est exprimé en ces termes : « Conçoit-on le gouvernement représentatif comme » étant fait dans le but unique de représenter seu- » lement l'administration, et toujours la même? » Écartez d'abord, disait-on aux électeurs, ceux » qui nous ont déplu, et nommez ceux que nous » nommerions à votre place; vous les connaissez, » vous les avez vus faire ; et quant à ceux que nous » ne vous recommandons pas, soyez tranquilles, » ils ont la pairie. Nous vous aiderons d'ailleurs,

» plutôt plus que moins, dans la confection d'une
» assemblée qui vote pour nous, et si, malgré tout,
» nous cessions d'être ministres, n'ayez pas peur,
» nous serons pairs nous-même. Courage, tout
» ira bien. — Oui, Messieurs, tout ira bien, car
» les choses n'ont pas été ce qu'on pensait. La na-
» tion sommeillait, et on aurait bien voulu lui faire
» faire un mauvais rêve; elle a répondu par une
» réalité, mauvaise seulement pour ceux qui pen-
» saient abuser de son sommeil, au risque même
» de troubler son repos et le leur. »

M. Bessières, qui vient de recevoir la croix
d'officier de la légion d'honneur à l'occasion de la
Saint-Charles, n'est point, dit-on, de la famille
de l'illustre maréchal; c'est l'ancien préfet de l'A-
veyron et de l'Arriège. Il a siégé à la chambre des représentans pour le département de Tarn-et-Garonne.

BIZIEN DU LÉZARD,

[Côtes-du-Nord], — (26).

Ce député n'avait encore fait partie d'aucune législature avant la session de 1828. Élu par les roya-
listes-constitutionnels de Dinan, M. Bizien du Lé-
zard prit place à l'extrême droite, où il siège encore.
Nous ignorons s'il est orateur, car il n'a pas dit un
mot depuis son entrée au palais Bourbon.

BIGNON (le baron ÉDOUARD),

[Eure], — *extrême gauche* (173).

Né en Normandie vers l'an 1762, il s'enrôla
comme simple soldat dans la 128ᵉ demi-brigade et

devint, en moins de cinq ans, ministre plénipotentiaire près de l'électeur de Hesse-Cassel. Après la
campagne de 1807, il fut nommé intendant de Ber-
lin, puis ministre de France à la cour de Bade, et
successivement résident de France à Varsovie. En
1812 il reçut l'ordre de se rendre à Wilna en qualité de commissaire impérial près le gouvernement
Lithuanien, et rentra en France avec les débris
de nos armées. Demeuré sans emploi pendant la
première restauration, il fut nommé en 1815, par
la Seine-Inférieure, membre de la chambre des représentans. Napoléon lui confia le portefeuille des
affaires étrangères. Après les désastres de Waterloo, M. Bignon fit partie de la commission spéciale
chargée de proposer une convention militaire pour
la remise de la capitale aux troupes alliées, et fut
un des signataires du traité du 3 juillet. Député de
l'Eure en 1817, il se montra un des plus courageux
et des plus éloquens défenseurs des intérêts nationaux. Ce fut lui qui réclama le premier le départ
des hordes qui souillaient le sol de la patrie. Il
tonna contre les brigandages de Nismes et de Marseille, et insista avec non moins de force pour le
rappel des bannis. « Il est temps, s'écria-t-il, que
» la France soit rendue à tous les Français, que
» les étrangers en sortent et que les bannis y ren-
» trent... Que la Charte s'exécute et le calme régnera
» dans tous les esprits. » Il avait dit dans un discours imprimé, en parlant des bannis : « Il existe
» en leur faveur un argument particulier, fondé sur
» un fait dont très-peu de personnes ont eu con-
» naissance; un argument qu'une déplorable fatalité
» m'a empêché de produire dans une grande et
» triste conjoncture; un argument terrible que je

» crains de faire retentir du haut de cette tribune,
» et que je crois bien plutôt devoir taire dans l'in-
» térêt du gouvernement. Je m'arrête. Le trait une
» fois lancé ne revient point en arrière. » Interpellé
par le ministre Decaze de s'expliquer sur ce point,
le baron Bignon s'y refusa. Néanmoins son secret
fut bientôt connu de tout le monde : il s'agissait de
la convention de Paris, acceptée par le gouvernement royal et d'après laquelle personne ne pouvait
être poursuivi pour ses opinions politiques des
cent jours. Dans la session de 1819 l'honorable
membre combattit avec toute l'énergie et tout le
talent qu'on lui connaît les diverses lois d'exception
qui y furent présentées, notamment celle du double
vote. Il avait cessé de faire partie de la chambre
des députés depuis 1822 lorsqu'il y fut rappelé
vers la fin de la dernière session de la chambre
Villèle. Son apparition à la tribune fit comprendre
au triumvirat qu'il n'avait plus qu'à se retirer et que
de nouvelles destinées commençaient pour le peuple
Français. Réélu par deux départemens, il opta pour
celui de l'Eure. Il est inutile d'ajouter qu'il continue de défendre les intérêts populaires avec une
chaleureuse éloquence.

BIZEMONT (le marquis de),

[Seine-et-Oise], — *centre gauche* (317).

Cet honorable député a fait partie de la majorité
de la chambre introuvable et des législatures qui se
sont succédées jusqu'en 1821. Il ne prit qu'une
seule fois la parole dans le cours de ces six années;
ce fut le 4 juillet 1819. Il s'agissait d'une pétition

qui lui avait été recommandée et sur laquelle M. le
marquis de Bizemont avait oublié de parler la veille.
D'après l'observation qu'il fit à ce sujet, M. le président se borna à cette courte réponse : « C'est
» bon ; le procès-verbal d'aujourd'hui fera mention
» de votre observation. » Et M. de Bizemont retourna à sa place au milieu des éclats de rire. Du
reste c'est un excellent citoyen qui n'a voté, dans
le temps, avec les ennemis de nos libertés que par
condescendance envers des ministres qui l'avaient
trompé sur le véritable esprit de la France. On assure même l'avoir vu applaudir à ces paroles mémo-
rables que M. le marquis de Leyval prononça en
1827 : « *Le royalisme est devenu libéral et le libéralisme est devenu monarchique.* »

BLIN DE BOURDON (le vicomte),

[Somme], — *côté droit* (63),

Ignoré sous l'empire, il surgit tout-à-coup en
1815 sous-préfet de Doulens, puis dans la chambre
introuvable, où il vota avec la majorité. Nommé député en 1823 par l'arrondissement d'Abbeville, il
appuya de ses boulettes toutes les propositions
ministérielles et devint successivement préfet de
l'Oise et préfet du Pas-de-Calais. L'honorable vicomte fut accusé par M. de Girardin, en mars
1824, d'avoir influencé les élections de l'Oise par
des moyens illégaux ; il lui fut impossible de se justifier et n'en conserva pas moins sa préfecture.
On croyait trouver son nom parmi les préfets à qui
M. de Martignac a fait changer d'air par ordonnance
du 3 avril 1828 ; mais aucune plainte ne s'étant

élevée contre lui à l'occasion des dernières élections, et le nouveau ministre n'étant disposé à destituer les fonctionnaires nommés par le triumvirat qu'autant qu'il ne pourrait s'en dispenser, l'honnête préfet du Pas-de-Calais a été maintenu dans ses fonctions.

BOIGUES (Louis),

[Nièvre], — *centre gauche* (83).

Homme de probité et de talent, cher à son département par ses vertus privées, par son patriotisme et par l'usage qu'il fait de sa fortune. La première opération du collége qui l'a élu ne produisit aucun résultat. Les voix se trouvèrent ainsi partagées : M. Bogue de Faye, 71 ; M. de Montigny, 68 ; M. de Bouillé, 64 ; M. Chabrol de Chaméane, 40 ; M. Boigues, 27. Le lendemain une majorité, formée des royalistes et des patriotes, se prononça en faveur de ce dernier candidat. M. Boigues n'avait encore siégé dans aucune assemblée législative avant la session 1828, où il a donné des gages de son patriotisme et de son attachement à nos institutions.

BOISBERTRAND (Tessières de),

[Vienne], — *centre droit* (56).

Il est conseiller d'État, directeur des hospices et des établissemens de bienfaisance, et officier de la légion d'honneur. Cet honorable parvint à la législature, il y a quelques années, à l'aide de

(39)

la loi du double vote, et après avoir rempli, à
Bordeaux, les fonctions de commissaire-général de
police. Partisan de l'obscurantisme, ennemi de
toute amélioration sociale, il a donné sa voix à tous
les projets déplorables qu'il a plu au triumvirat de
présenter dans les dernières sessions de la chambre
vénale. Comme directeur des établissemens de
bienfaisance, il n'a pas plus de droit à nos éloges.
Nous pouvons prouver que l'ex-commissaire-gé-
néral de police prodigue souvent à des personnes
qui n'ont besoin de rien les fonds qu'il est chargé
de distribuer à l'indigence. Cependant M. de Boisbertrand veut passer pour un *sujet dévoué au plus
loyal des princes* et prétend *le servir par des
moyens dignes de lui!*... Pour conserver sa place,
il vote avec le nouveau ministère.

BOISSY-D'ANGLAS (Théophile),

[Ardèche], — *côté gauche* (248).

C'est le fils de M. le comte Boissy–d'Anglas qui
a laissé en France tant d'honorables souvenirs par
les gages qu'il a donnés aux libertés publiques. Il
a été élu en remplacement de M. le baron Dubay
qui, pour échapper au désagrément de voir révoquer sa nomination par la chambre, prit le parti
d'envoyer sa démission. Déjà M. Théophile Boissy-
d'Anglas avait réuni un grand nombre de voix aux
élections de 1824 et 1827 ; mais les manœuvres
honteuses employées par le ministère éloignèrent
ce digne candidat. M. Boissy-d'Anglas a hérité de
toutes les vertus et du patriotisme de son père.

BONDY (le comte Taillepied de),

[Indre] , — *centre gauche* (84).

Né à Paris en 1766. Directeur de la fabrication des assignats en 1792, il demeura étranger aux déplorables événemens de la révolution, et ne reparut sur la scène politique qu'en 1805, époque à laquelle il fut nommé chambellan de Napoléon. Après avoir accompagné ce prince dans la plupart de ses voyages, M. de Bondy fut envoyé auprès des rois de Saxe et de Bavière et nommé comte de l'empire. Préfet du Rhône en 1810, il se fit chérir de tout son département par la sagesse de ses actes et la protection toute paternelle qu'il accorda à l'industrie. Ce fut sous son administration que les marais de Perrache se transformèrent en habitations, et que la ville de Lyon fut préservée de la disette qui affligeait toute la France. En janvier 1814, il retarda, par une vigoureuse résistance, la remise de cette ville aux étrangers; il ne l'abandonna que lorsque le traître Augereau se retira sur Valence avec une armée qui eût pu changer les destinées de la France. Maintenu dans ses fonctions par le comte d'Artois, aujourd'hui Charles X, il passa à la préfecture de la Seine lorsque Napoléon débarqua, et fut nommé, par le département de l'Indre, membre de la chambre des représentans. Comme préfet de la Seine, M. de Bondy fut un des commissaires chargés de la négociation du 3 juillet. Remplacé par M. le comte de Chabrol, il passa à la préfecture de la Moselle et fut révoqué peu de jours après son arrivée à Metz. En décembre 1815 cet honorable membre

parut à la chambre des pairs comme témoin à dé-
charge dans le procès du malheureux prince de la
Moskowa. Sa déposition fut entièrement favorable
à ce maréchal. Envoyé à la chambre des députés
par le département de l'Indre en 1816 et 1818,
M. de Bondy parla pour la liberté de la presse,
pour la loi de recrutement et contre la loi du double
vote. Exclu par suite de la promulgation de cette
loi, il n'a reparu qu'en 1828 parmi les défenseurs
de nos libertés.

BOSCAL DE RÉALS (le comte),

[Charente-Inférieure] , — *centre droit* (209).

La carrière législative de ce noble comte a commencé en 1821. Ignoré avant cette époque, il
n'est guères connu aujourd'hui que de MM. de
Villèle, Corbière et Peyronnet, à qui il a prêté
constamment l'appui de son vote. Nommé, par ces
triumvirs, président du collége électoral de Saintes,
où il exerce les fonctions de maire, M. Boscal ne
voulu pas permettre que les constitutionnels eussent
les yeux sur ses opérations. On assure qu'il se bor-
nait à montrer à une seule personne du bureau les
bulletins qui sortaient de l'urne électorale. Nous
devons toutefois déclarer, dans l'intérêt de l'honorable membre, qu'il ne s'est élevé à la chambre aucune contestation sur la validité de sa nomination.
Il a repris la place qu'il occupait au centre, et soit
amour pour le pouvoir, soit désir de conserver à
sa famille les emplois dont il l'a pourvue sous M. de
Villèle, son vote n'est pas moins favorable aux
nouveaux ministres qu'il ne l'était à leurs prédé—

cesseurs. Comme M. d'Augier, M. Boscal de Réals aime les majorités.

BOUCHET,

[Ain], — *centre gauche* (312).

C'est un riche propriétaire que ses vertus et son patriotisme bien connus ont fait préférer, dans l'arrondissement de Trévoux, à M. Compagnon de la Servette dont l'optimisme ministériel a été poussé si loin. Les électeurs de cet arrondissement ne pouvaient mieux confier la défense de leurs droits et de leurs intérêts.

BOULARD,

[Oise], — *centre droit* (150).

C'est le fils de ce respectable M. Boulard si connu des bouquinistes de Paris. Il a été maire du 11ᵉ arrondissement de cette capitale et membre du corps législatif. Ce fut en 1823 qu'il reparut sur l'horizon politique. Le ministère Villèle croyait pouvoir compter sur cet honorable membre parce qu'il avait appuyé dans une des précédentes législatures une proposition du congréganiste Breton, et il n'hésita pas à le présenter pour son candidat aux dernières élections de l'Oise. M. Boulard, sachant toute la défaveur qui était attachée à sa candidature, s'empressa de protester contre les prétentions du triumvirat, et déclara qu'étant dévoué au maintien de la Charte, il ne pouvait être l'ami de ceux qui voulaient la détruire. Sa profession de foi lui acquit la majorité des suffrages, et il fut nommé par les deux opposi-sitions. Son vote est celui d'un homme de bien.

BOULA DU COLOMBIER,

[Vosges], — *côté gauche* (364).

Il a été préfet de ce département pendant plu-sieurs années ; son administration était toute pater-nelle ; aussi fut-il destitué par le ministère exécré qui a si long-temps pesé sur la France. En choisis-sant pour député celui qui fut leur administrateur, les Vosgiens ont prouvé qu'ils étaient reconnaissans. Leurs suffrages vengent dignement M. Boula du Colombier des rigueurs d'une brutale autorité. Il vient d'être nommé conseiller d'État en service extraordinaire.

BOURDEAU (le baron),

[Haute-Vienne], — *centre gauche* (315).

Simple avocat à Limoges avant la restauration, avocat général en 1814, maire de Limoges dans les cent jours, fut nommé député à la chambre in-trouvable de 1815, où il vota pour l'établisse-ment des cours prévôtales, pour la loi relative aux cris séditieux et pour la loi dite d'*amnistie;* dé-fendit avec le plus grand zèle les ministres que ses collègues accusaient d'avoir favorisé l'évasion du comte de Lavalette, et obtint, pour prix de son dévouement, la place de procureur-général près la cour royale de Rennes, en remplacement de M. de Corbière qui ne le fut que vingt-quatre heures et dont l'ordonnance de nomination est encore à paraître. De 1816 à 1824, il soutint toutes les propositions contraires aux intérêts nationaux et vota pour tous les projets du triumvirat. Tels sont les antécédens de M. Bourdeau. Ce ne fut que peu de temps après l'ouverture de la chambre servile qu'il abjura son optimisme ministériel ; mais il le fit avec force et de manière à ne plus permettre le moindre espoir de rapprochement. « Ce qu'on veut » nous donner, s'écria-t-il dans une généreuse ins- » piration, c'est l'ancien régime avec les jésuites de » plus et les libertés de l'église gallicane de moins.» Lors de la discussion de la loi Peyronnet, il dénonça de nouveau l'existence illégale des jésuites. Quelqu'un lui ayant demandé pourquoi il ne les avait pas poursuivis lorsqu'il était procureur-général : « Vous savez bien, répondit-il, pourquoi j'ai » abandonné ma place! » Réélu par l'accord des deux oppositions, il a été appelé dès l'ouverture de la session 1828 à la direction générale de l'enregistrement et des domaines. M. Bourdeau n'a cessé depuis de parler dans l'intérêt national. Il a soutenu avec fermeté dans la séance du 5 avril dernier les réclamations des électeurs de Limoges contre l'inscription de deux intrus qui ne payaient point le cens et auxquels le ministère avait toutefois délivré des pièces qui attestaient le contraire. « Requis de dé- » clarer, dit-il, ce qui est à ma connaissance, je » déclare que les pièces produites pour constater » la capacité des deux électeurs en question sont » fausses, et quand je dis *fausses*, c'est dans toute » la latitude du mot. » C'est d'après la proposition de M. Bourdeau que la fameuse commission Laboëssière a été révoquée. (*Voyez* Laboëssière.) Par ordonnance du 12 novembre 1828, il a été nommé conseiller d'État en service extraordinaire et autorisé à participer aux travaux des comités et aux délibérations du conseil.

BOURDON DU ROCHER,

[Sarthe], — *centre gauche* (250).

Lorsque son nom sortit de l'urne électorale, la gazette de M. de Villèle s'empressa de l'inscrire sur la liste de ceux de ses complaisans. L'honorable membre dédaigna de protester contre une telle impudence : il n'y a répondu qu'en prenant place parmi les défenseurs des libertés publiques. M. Bourdon du Rocher est un riche manufacturier : il n'avait encore figuré dans aucune législature avant l'ouverture de la session 1828.

BOURGON (de),

[Doubs], — *centre droit* (49).

Il est conseiller à la cour royale de Besançon. Ce magistrat, appelé pour la première fois en 1827 à la chambre élective, jouit de l'estime et de la vénération de tous les habitans de Besançon. Le trône et nos institutions n'ont pas d'ami plus sincère.

BRIGODE (le baron ROMAIN de),

[Nord], — *côté gauche* (232).

Né à Lille en 1775, auditeur au conseil d'État en 1803, député au corps législatif en 1805, membre de la chambre introuvable de 1815, où il votait avec la minorité libérale, et réélu deux fois depuis cette époque, s'est fait constamment remarquer par la justesse de ses vues et la sagesse

de ses principes. Il s'éleva contre les lois d'exception, contre le monopole des tabacs, etc.
M. le baron de Brigode, que le département du
Nord vient de rendre à la législature, a toujours
professé des sentimens indépendans. Il aime notre
royale dynastie autant que les institutions garanties
par la Charte.

BRILLET DE VILLEMORGE (le comte),

[Maine-et-Loire], — *côté droit* (66).

Il est maire de Saumur. Ce noble comte a fait
partie de la chambre vénale, où il votait pour les
projets du ministère vandale. Réélu par les électeurs
à double vote, il a pris place à l'extrême droite.
Nous ne sachons pas qu'il ait encore ouvert la
bouche dans la nouvelle chambre.

BRIQUEVILLE (le comte de),

[Manche]. — *côté gauche* (73).

Il est né à Bretteville (Manche), vers l'an 1785.
M. le comte de Briqueville, père de l'honorable
député, émigra pendant la tourmente révolutionnaire. Il remplissait une mission pour le comte
d'Artois, aujourd'hui Charles X, lorsqu'il fut arrêté et fusillé à Coutances, en l'an IV. M. de Briqueville fils a fait toutes les campagnes de la révolution, et il est peu d'actions glorieuses auxquelles
il n'ait prit part. Il a été successivement aide-de-
camp de Lebrun et de Napoléon. Dans la campagne
de 1813, il était chef d'escadron des lanciers rouges
de la garde. A la restauration, il donna sa démission

et reprit du service dans les cent jours. Nommé colonel du 20ᵉ régiment de dragons, il se distingua dans cette mémorable campagne de 1815 qui eut de si funestes résultats pour la France, et surtout pour Napoléon. Après la déchéance de ce prince, il donna de nouveau sa démission et se retira à Valognes où il vécut dans la retraite jusqu'en 1827. Tel est l'homme que les électeurs de cet arrondissement ont appelé à la défense de leurs intérêts et qui n'a cessé, jusqu'à ce jour, de donner à la tribune, comme il l'avait fait sur les champs de batailles, des preuves de son courage et de son patriotisme.

BRUN DE VILLERET (le baron),

[Lozère], — *centre gauche* (90).

Né au Malzieu, département de la Lozère, le 13 février 1773. Il fut d'abord destiné au bareau. Obligé de quitter son pays, à cause des principes aristocratiques dont il était imbu, il se réfugia à Paris après le 18 fructidor. Son séjour dans cette capitale rectifia ses idées. Il fut reçu à l'école d'artillerie en l'an VI, d'où il sortit en l'an VII pour faire les campagnes de la Nort-Hollande. Envoyé ensuite à Boulogne, il devint aide-de-camp du général Soult, et se trouva avec lui aux batailles d'Austerlitz, d'Iéna, d'Eylau et de Friedland ; reçut les grades de capitaine et de chef de bataillon, puis une mission auprès du roi de Saxe, qui le décora de l'ordre de Saint-Henri. Le duc de Dalmatie ayant été appelé en Espagne, M. Brun de Villeret l'y suivit, et fit, avec ce maréchal, la malheureuse campagne d'Oporto en 1809. Il assista à la bataille d'Ocagna qui mit tout le midi de la péninsule au pouvoir des armées françaises. Son nom fut cité avec éloge dans les rapports insérés au Moniteur sur les affaires de Gébora et de Badajoz. Chargé de missions importantes de la part du maréchal Soult, auprès de l'Empereur, il se trouva une fois cerné au-dessous de Sainte-Ildefonse par 400 Espagnols. Son escorte n'était composée que de 60 braves. Dans la lutte qui s'engagea; il en perdit vingt, mais il eut le bonheur de sauver ses dépêches qui étaient extrêmement précieuses. Napoléon qui avait été à même d'apprécier les talens et le dévouement de M. Brun de Villeret, le nomma officier de la légion d'honneur, puis colonel. Les affaires du Nord ayant nécessité la présence du duc de Dalmatie à la grande armée, M. Brun de Villeret l'y suivit, et à leur arrivée à Dresde, l'Empereur nomma ce dernier général de brigade. Employé en cette qualité dans le 12e corps, il fut chargé d'une attaque importante à la bataille de Wurchen. Sa brigade, qui se composait de deux bataillons français et de deux bataillons italiens, tous de nouvelle levée, fut réduite à moitié dans la fatale journée d'Iuterboch. Dans la première de ces affaires, le général Brun de Villeret reçut deux contusions, eut deux chevaux tués sous lui et la lame de son sabre brisée; dans la seconde, il perdit aussi deux chevaux. Chargé par le maréchal Ney du gouvernement de la place de Torgau, il s'y renferma avec les 25,000 Français qu'on y avait entassés après la bataille de Leipsik, et dont la plupart étaient estropiés, malades ou convalescens. Il y fut, peu de jours après, remplacé par M. de Narbonne, à qui l'Empereur avait jugé convenable de confier cette place. Après la capitulation, le général Dutaillis, qui avait succédé à M. de Narbonne dans le gouvernement de Torgau, et le général Brun de Villeret furent arrêtés et tenus quelque temps au secret sous prétexte qu'ils avaient fait jeter des fusils dans l'Ebre. Le temps a fait justice de cette calomnie. De retour en France par suite des événemens de 1814, le général Brun de Villeret fut nommé par le Roi commandant du département de la Lozère et, bientôt après, appelé par le maréchal Soult aux fonctions de secrétaire-général du ministère de la guerre. Il avait épousé mademoiselle de la Fare, nièce de MM. de Bruges. Cette alliance fut cause qu'il refusa de prendre du service pendant les *cent jours*. Le ministre de la guerre, irrité de ce refus, donna ordre d'arrêter M. Brun de Villeret; mais les résultats de la bataille de Waterloo paralysèrent l'exécution de cet ordre. Le duc de Dalmatie, compris dans l'ordonnance du 14 juillet, crut devoir chercher un asile auprès de son ancien aide-de-camp qui se trouvait à sa terre de Malzieu. Le général Brun de Villeret l'accueillit avec tous les égards dus à son rang et à son infortune. Son dévouement pour le maréchal fut tel qu'il n'hésita pas à s'exposer lui-même à la rage des furieux qui brûlaient d'immoler un de nos plus illustres guerriers; il parvint à le sauver. Cette noble action lui attira le ressentiment des ultra-royalistes. Envoyé à la chambre des députés en 1817 par le département de la Lozère, il y défendit avec énergie l'honneur et les intérêts nationaux jusqu'en 1823, époque à laquelle il cessa d'en faire partie. Réélu en 1827, il a repris la place qu'il occupait

4

au centre gauche : son vote est toujours celui d'un bon Français et d'un loyal député.

BRUSSET,

[Haute-Saône], — *côté droit* (532).

Membre du conseil général de son département. C'est un des trois cents de la chambre servile. Réélu par l'influence du ministère Villèle, il siége parmi les débris du bataillon que recrute le comte de Labourdonnaye. Quant à ses talens oratoires nous n'en parlerons pas, attendu que l'honorable membre ne s'est jamais approché de la tribune que pour déposer sa boulette dans l'urne.

BULLY (de),

[Nord], — *côté droit* (277).

Il a été payeur de son département avant et après la restauration ; il s'est démis de cette place en faveur de son fils qui est l'un des plus ardens congréganistes du Nord. M. de Bully fut dans tous les temps dévoué au pouvoir ; c'est ce qui peut expliquer la conduite versatile et quelque peu équivoque qu'il tint dans les cent jours. Soixante électeurs du collége de Lille ont adressé à la chambre une pétition d'après laquelle on a eu à examiner comment et en vertu de quels titres il s'est fait que des impositions inscrites jusqu'ici sur les rôles au nom de M. de Bully fils, ont été tout-à-coup transportées au nom de M. Bully père ; mais il en a été de cette affaire comme de celle de M. Sirieys de Mayrhinac.

L'honorable membre n'en a pas moins continué de siéger. Cependant, depuis l'ouverture de la session de 1828, de nouvelles réclamations se sont élevées lors de la confection des listes électorales, et il a été reconnu, par le ministre des finances, que le nom de M. de Bully figurait indûment sur ces listes, attendu qu'il ne paye réellement que 4 fr. 3o cent. de contributions ; ainsi M. de Bully n'est point électeur : restera-t-il député?

BUROSSE (le baron de),

[Gers], *extrême droite* (1[illegible]).

Membre de la chambre vénale, il vota quelque temps pour le ministère Villèle ; mais il a rompu avec lui vers la fin de la session 1827 et s'est réuni à l'opposition de droite. C'est à cette conduite qu'il a dû sa réélection. M. de Burosse avait proposé quelques amendemens à la loi Peyronnet : il eût beaucoup mieux fait de repousser entièrement cette œuvre abominable. Il est à désirer qu'il se maintienne dans la voie constitutionnelle où nous l'avons vu entrer avec plaisir ; mais nous craignons fort que le noble baron ne revienne à des idées peu favorables à nos institutions, car il a pris place parmi des hommes qui voudraient bien pouvoir substituer le régime absolu à celui de la Charte.

BUROT DE CARCOUET,

[Loire-Inférieure], — *côté droit* (4o5).

Il n'avait pas encore siégé avant l'ouverture de la session 1828, et c'est à l'influence du triumvirat qu'il doit sa nomination ; mais l'honorable membre a mal répondu aux espérances de nos anciens ministres. M. Burot de Carcouet est homme de bien et son vote prouve qu'il veut toute la Charte.

BUSSON,

[Eure-et-Loire], — *centre gauche* (136).

Né à Châteaudun vers l'an 1766. Il fut d'abord avocat au parlement, puis avoué licencié au tribunal civil de Châteaudun ; procureur de la commune en 1792 ; destitué et incarcéré en 1793 par Thirion, commissaire de la Convention, pour s'être opposé à la clôture des temples. Relâché après le 9 thermidor, il fut nommé procureur-syndic du district de Châteaudun, et bientôt après juge suppléant et administrateur du département d'Eure-et-Loir. En l'an IX ce département le présenta pour candidat à la magistrature avec le général d'Aubigny que le sénat éleva au rang de député. En 1815 le collége électoral de l'arrondissement de Châteaudun l'envoya à la chambre des représentans où il siégea parmi les amis éclairés d'une sage liberté. Réélu en 1819, M. Busson vota contre les deux lois d'exception qui furent présentées par le ministère. Lors de la discussion de la loi d'élection, il établit, dans un discours plein d'énergie et de lucidité, que cette loi, et notamment l'article premier, était en opposition formelle avec la Charte. Exclu par suite des vices qu'il avait signalés à ce sujet, M. Busson n'a point fait partie de la chambre servile. Les électeurs de Châteaudun, peu satisfaits de la docilité de M. de Courtarvel aux volontés du triumvirat Villèle se sont empressés de réunir leurs suffrages sur l'honorable M. Busson ; ainsi, grace à leur choix, l'obscurantisme compte un appui de moins et les amis de la patrie un défenseur de plus.

C.

CABANON (Bernard),

[Seine-Inférieure] , — *côté gauche* (176).

Est né à Cadix de parens Français. Juge au tribunal de commerce de Rouen en 1814, adjoint au maire de cette ville pendant les cent jours, il fut nommé député en 1819 par le grand collége de la Seine-Inférieure ; admis à la chambre, il prit place au côté gauche et se montra constamment attaché aux intérêts nationaux. Lors de la présentation de la loi des douanes, M. Cabanon repoussa les amendemens qui tendaient à augmenter les droits d'enregistrement sur les laines étrangères ; il s'éleva avec force contre les mesures exceptionnelles et la loi du double vote. Il avait cessé de faire partie de la chambre depuis 1824. Les électeurs de la Seine-Inférieure, lassés de la condescendance de M. Fouquier-Long et de ses collégues de députation envers le triumvirat—jésuitique, ont senti la nécessité d'envoyer à la chambre des hommes qui s'occupassent un peu plus du bien public que de leurs propres intérêts, et c'est avec joie que les amis de la Charte ont vu sortir de l'urne électorale, parmi des noms célèbres, celui de M. Cabanon. Cet honorable député a repris la place qu'il occupait avant la chambre vénale. Son vote est ce qu'il sera toujours, celui d'un vrai patriote.

CALEMARD DE LAFAYETTE,

[Haute-Loire], —*centre droit* (328).

Ce noble auvergnat était peu connu avant l'ouverture de la chambre Villèle. Nommé député par les efforts de nos vandales oppresseurs, il a dignement répondu à leur attente. M. Calemard de Lafayette a voté pour tous les projets désastreux d'un ministère abhorré. Les libertés publiques n'ont pas d'ennemi plus déclaré. Il est président de chambre à la cour royale de Lion.

CALMELET D'AEN,

[Indre-et-Loire], — *centre gauche* (88).

Inconnu avant l'ouverture de la nouvelle chambre septennale où il a été envoyé par les électeurs constitutionnels de l'arrondissement de Tours, cet honorable député s'est montré jusqu'à présent digne du choix de ses concitoyens. Il remplace dans la députation d'Indre-et-Loire M. le comte d'Effiat, l'un des *soixante-seize* du 5 novembre 1827.

CALMON,

[Lot], — *centre gauche* (189).

Il fut nommé en remplacement de M. de Folmont dont l'élection, qui faisait tant d'honneur à M. le préfet de Saint-Félix, a été annullée. M. Calmon est administrateur des domaines à Puy-l'Évêque. Il a siégé à la chambre des députés de

1821 à 1825. Son vote fut toujours celui d'un bon citoyen.

CAMBON (Alexis de),

[Tarn], — *centre droit* (258).

Né à Toulouse vers l'an 1771, appartient à une des familles les plus anciennes et les plus recommandables du Languedoc. Son père, d'abord conseiller, puis avocat-général au parlement de Toulouse, en devint premier président. L'opinion qu'il émit dans l'affaire d'Étienne Sales, où des catholiques contestaient à un protestant la validité du mariage de l'auteur de ses jours, donna la plus haute idée de ses lumières, de sa tolérance et de sa sagacité. Après avoir développé avec son éloquence ordinaire les principes des lois naturelles et des lois civiles, le père de l'honorable membre se résuma en ces termes : « Il ne faut pas se de- » mander si l'on est persuadé de l'existence du ma- » riage contesté ; mais il faut se demander si l'intérêt » public n'exige pas qu'on le présume ; et puisque » le contraire n'est pas juridiquement prouvé, *la* » *justice et l'équité veulent qu'on suppose tout* » *ce qui est naturellement possible plutôt que de* » *faire perdre à un enfant l'état dont il a légiti-* » *mement joui.* » Cette opinion fut adoptée par tous les tribunaux de France ; ainsi le sort de 400,000 familles demeura fixé désormais. Madame de Cambon acquit une autre célébrité durant nos troubles révolutionnaires. Son époux, proscrit, s'était réfugié chez un rémouleur du faubourg Saint-Antoine : modèle de toutes les vertus, elle préféra porter sa tête sur l'échafaud plutôt que de découvrir l'asile de M. de Cambon. Elle périt le 8 thermidor, la veille du jour où la France fut délivrée de Robespierre, Couthon, Saint-Just et autres monstres non moins sanguinaires. M. le comte Alexis de Cambon, récemment nommé député, a toujours été destiné à la magistrature. Il émigra en 1792, et revint dans sa patrie aussitôt que le calme y fut rétabli. Il a été long-temps président à la cour royale de Toulouse, où il jouit de l'estime et de la vénération des gens de bien ; aujourd'hui il est premier président de la cour royale d'Amiens. Appelé pour la première fois en 1818 à la chambre élective, il y a apporté cet amour de nos institutions dont son digne frère s'est montré un des plus ardens défenseurs. Lors des dernières élections, le triumvirat Villèle voulut empêcher sa nomination ; mais l'étoile de Loyola commençait à pâlir, et les électeurs du grand collége du Tarn avaient enfin compris leurs intérêts ; il était temps qu'ils cessassent de se faire représenter par des hommes à prétentions surannées ou d'une docilité coupable envers l'administration.

CAMBON (le marquis de),

[Haute-Garonne], — *centre gauche* (384).

Frère du précédent, il est né à Toulouse en 1774. C'est un des membres les plus distingués et les plus influens de la chambre. Comme son frère, il émigra en 1792 et rentra en France en même temps que lui. M. le marquis de Cambon n'avait que seize ans lorsqu'il fut contraint de quitter sa patrie, et déjà il servait dans un régiment de cava-

lerie en qualité de sous-lieutenant. Il ne fut employé
sous aucun gouvernement jusqu'à la restauration ;
alors il entra dans la maison du Roi, fit, avec
S. A. R. le duc d'Angoulème la campagne de la
Drôme pendant les cent jours, et fut ensuite attaché à l'état-major de la place de Paris. Nommé député par le département de la Haute-Garonne en
1823, il a constamment prouvé par ses discours
et par ses votes qu'on peut être ami de la Charte
sans cesser d'être dévoué à son Roi. Son apparition
à la chambre élective fut le précurseur de l'orage
qui a fini par renverser le ministère corrupteur qui
pesait sur la France. Lors de la discussion du ré-
glement des crédits et des dépenses de l'exercice
1823, M. de Cambon prit la parole et improvisa un
discours dont l'impression fut votée à l'unanimité. Il
s'agissait d'arrêter le compte de la guerre, et par
suite, celui du munitionnaire Ouvrard. Animé d'une
généreuse indignation contre ce ministère dont un
orateur du centre venait de prendre la défense, il
s'exprima en ces termes : « On vient de vous dire
» que vos attributions se réduisent à constater
» l'exactitude d'un compte; ce n'est, vous a-t-on
» dit, qu'une vérification de caisse; ainsi vous n'êtes
» que des vérificateurs de caisse. Je ne pense pas,
» Messieurs, que vous acceptiez une pareille ex-
» hérédation ; vous n'abdiquerez pas votre droit
» le plus important, celui de veiller à la fortune
» publique, de recevoir les comptes des ministres
» et de les débattre. C'est là, sans doute, ce qu'on
» appelle la *partie morale* dont nous ne devons
» pas nous occuper. Qu'êtes-vous donc, Messieurs,
» et quels sont vos droits, si vous n'avez pas celui
» de veiller à la fortune publique? Certes, ce n'est

» pas la peine de vous faire venir de si loin si vous
» n'êtes ici que pour vous entendre dire par les
» ministres : *vous nous avez alloué telle somme,*
» *et nous l'avons dépensée ; mais ce n'est pas là ce*
» *qui doit vous occuper.* Il n'est que trop vrai que
» les fonds ont été dépensés ; on n'a que faire de
» vous pour le constater ; et vous voudriez le nier
» que vous n'y pourriez rien. La question est de
» savoir s'ils l'ont été utilement pour l'État ; voilà
» la *partie morale* que vous avez à examiner ; et
» votre commission, malgré son indulgence, a senti
» la nécessité de vous soumettre cette *partie mo—*
» *rale* puisqu'elle en a fait un chapitre particulier.
» La juste indignation qu'elle a manifestée et que
» vous avez partagée en entendant les détails de
» cet *exécrable traité, la honte de l'administra-*
» *tion,* prouve assez que cette *partie morale* de-
» vait exercer une influence sur votre décision.

» Les ministres craignent que l'ajournement de
» ce comtpe ne fasse peser sur eux une responsabi-
» lité morale : mais la chambre des députés n'a-t-elle
» pas aussi sa responsabilité morale à ménager ?
» Doit-elle plus que les ministres braver l'opinion
» publique ? J'ignore combien de temps un ministre
» peut la braver impunément, mais je ne crains pas
» de dire que la chambre ne le peut pas un seul
» instant ; et le jour où elle aurait perdu la confiance
» publique, elle ne pourrait plus rien pour le bien
» de l'État. La France nous entend, Messieurs ; il
» ne faut pas qu'elle puisse dire que nous avons
» vu le mal et que nous avons fermé les yeux. »

Le ministère vandale, désespérant de la conversion
d'un tel antagoniste, résolut d'employer tous ses efforts pour empêcher sa réélection. N'ayant pu y

parvenir, il eut l'impudence de répandre que l'opposition de M. de Cambon, aux actes destructifs
de nos libertés et de nos droits, provenait de ce
qu'on ne lui avait pas accordé des places pour lui
et ses amis. L'honorable membre protesta par une
lettre qui parut dans la Quotidienne du 8 janvier
1828 contre cette absurde et lâche calomnie, en
déclarant qu'il n'avait sollicité et qu'il ne solliciterait
jamais aucune faveur d'un ministère quelconque.
De retour à la chambre, M. le marquis de Cambon
n'a pas cessé un instant de défendre les intérêts nationaux et de flétrir de son éloquence tout ce qui
leur est contraire. Dans la séance du 10 mars 1828, il
appuya la proposition de M. de Caumartin tendante
à ce que le rapport sur les pétitions relatives aux
élections obtînt la priorité sur tout autre de la commission des pétitions. « Il s'agit, dit M. de Cambon,
» d'une proposition d'ordre qui doit vous paraître
» nécessaire. Il est temps enfin qu'un jour éclatant
» soit porté sur les opérations électorales. Cela est
» d'autant plus important que dans les élections
» récentes on a vu se renouveler les mêmes scan-
» dales. Depuis que nous sommes réunis dans cette
» enceinte, des préfets ont continué à élever
» d'imprudens conflits et à mépriser les arrêts des
» cours royales. (*Une voix* : C'est le préfet de
» Toulouse !) » Par ordonnance du 12 novembre
1828, cet honorable député a été nommé conseiller
d'État en service ordinaire.

CAQUERAI,

[Maine-et-Loire], — côté droit (110).

C'est le seul député villéliste de son département. Il remplace le fameux Benoist des contributions indirectes. Il est du petit nombre de ceux
qu'on entend quelquefois crier aux voix.

CARCARADEC (de),

[Côtes-du-Nord], — côté droit (168).

Il est maire de Buhullien et membre du conseil
général de son département. Il comprend à peine
la langue française; mais il est parfaitement dressé
aux exercices du vote. C'est dans la chambre vénale
qu'a commencé la carrière législative de cet honorable , et c'est au tourniquet du triumvirat qu'il
dut cette faveur. Il n'est pas une mesure contraire
aux intérêts nationaux qu'il n'ait appuyé de sa boulette. M. de Carcaradec siège parmi les débris de
l'ancienne majorité.

CARDONNEL (Pierre-Salvi-Félix de),

[Tarn] , — extrême droite (114).

Conseiller à la cour de cassation , est né à
Monestiers en 1770. Médiocre avocat dans sa province, il fut nommé par le Tarn, en 1795, député
au conseil des Cinq cents. Il s'y prononça pour la
suspension du divorce par incompatibilité d'hu-

meur, s'opposa à l'aliénation des presbytères, au rachat des rentes foncières provenant des baux à culture perpétuelle, s'éleva contre l'incapacité des notaires de campagne, accusa la municipalité de Toulouse d'avoir favorisé les jacobins et offrit, pour appuyer cette inculpation, des preuves qu'il n'a jamais fournies. Dans le mois de messidor an 5, il proposa, au nom d'une commission spéciale, d'excepter des lois portées contre les émigrés ceux qui pourraient prouver par des certificats de l'autorité des lieux où ils s'étaient réfugiés qu'ils y avaient cultivé les lettres et les arts. Cette proposition, qui ne tendait qu'à les rappeler tous, fut vigoureusement combattue par Guillardet. Devenu, par celà, suspect aux amis de la république, M. de Cardonnel prit le parti de garder le silence. Exclu de cette assemblée le 20 mai 1798, il fut arraché à l'obscurité où il était retombé par Napoléon, qu'une fatalité portait à s'entourer d'hommes qui devaient contribuer à sa ruine. Appelé au corps législatif en 1811, il jura fidélité à l'Empereur, et peu de temps après il entra en correspondance avec les émigrés. A la restauration Louis XVIII lui accorda des lettres de noblesse, et, en 1815, le Tarn le nomma député à la chambre introuvable. Là, il appuya de toutes ses forces la proposition de confier au clergé les registres de l'état civil et se montra, jusqu'à la dissolution de cette chambre, l'un des membres les plus effrénés dont se composait la majorité. Réélu immédiatement après l'ordonnance du 5 septembre, il s'éleva contre les dernières élections, et, dans la session de 1817 à 1818, contre la loi de recrutement. M. de Cardonnel a fait partie de toutes les législatures qui se sont succédées depuis cette époque et voté pour toutes les lois contraires aux intérêts nationaux. Telle est, en résumé, la carrière législative de l'honorable député du Tarn.

CASTEJA (le vicomte François de),

[Somme], — *centre droit* (207).

Il n'avait point encore siégé, et depuis l'ouverture de la session 1828, il est demeuré inaperçu dans la nouvelle chambre. M. le comte de Casteja remplace dans la députation de la Somme M. le Prince de Croï, l'un des pairs que le dernier ministère a nommés le 5 novembre de *l'an de grâce* 1827.

CAUMARTIN,

[Somme], — *centre gauche* (441).

Président du tribunal de première instance d'Amiens. Ce fut lui qui complimenta le Roi lors de son voyage au camp de Saint-Omer. Il sut allier dans son discours le respect dû au trône et l'expression de son amour pour les institutions consacrées par la Charte. Une notice imprimée et répandue au moment des élections, par un de ses compatriotes, fit connaître des titres que sa modestie ne lui aurait pas permis de faire valoir, et il fut nommé député à la satisfaction générale. Dès l'ouverture de la session 1828, l'honorable membre s'éleva contre les manœuvres employées par quelques

administrateurs pour empêcher des élections libérales. Son discours produisit la plus vive sensation.
M. Caumartin a siégé à la chambre des représentans,
et c'est en 1827 que, pour la première fois depuis
cette époque, il a été appelé à des fonctions législatives.

CAUNA (le baron de),

[Landes], — *centre droit* (152).

Cet honorable remplace M. le comte Desperriers
qui, après avoir long-temps voté pour le ministère
vandale, menaçait, vers la fin de la dernière session, de déserter ses drapeaux. Du reste, le noble
baron n'est point orateur; il n'a paru jusqu'à présent
à la tribune que pour déposer sa boulette *incertaine*
dans l'urne législative. Il n'avait fait encore partie
d'aucune assemblée. Ce député vient d'être nommé
sous-préfet de l'arrondissement de Saint-Séver en
remplacement de M. de Charitte, décédé. M. de
Cauna était maire de cette ville.

CAUX (le vicomte de),

[Nord], — (15 *bis*).

Était, l'an passé, directeur général de l'administration de la guerre. Nous avons compulsé vainement toutes les biographies, toutes nos annales
militaires dans l'espoir d'y trouver quelques renseignemens sur le nouveau ministre : son nom ne
figure que dans l'almanach royal. D'après ce livre

il paraît que M. le vicomte de Caux est lieutenant-général, grand officier de la légion d'honneur et commandeur de Saint-Louis. Nous ignorons comment il a acquis son grade et ses décorations ; tout ce que nous pouvons affirmer c'est qu'il a été nommé ministre secrétaire d'État de la guerre par ordonnance du Roi le 4 janvier 1828. Nous devons ajouter que depuis son élévation il n'a cessé de se montrer favorable aux intérêts populaires et à la gloire nationale.

CHABOT (le comte),

[Vendée], — *côté droit* (336).

Cet honorable chevalier de Saint-Louis a, dit-on, des mœurs douces et tolérantes et des sentimens patriotiques. Il a siégé pour la première fois en 1828, et nous ne sachons pas qu'il ait encore pris la parole.

CHABROL DE VOLVIC (le comte Gilbert-Joseph-Gaspard de)

[Puy-de-Dôme], — *centre droit* (514).

Peu de personnes ont acquis autant de droits à l'estime et à la reconnaissance de leurs concitoyens que cet honorable magistrat, et pourtant il n'en est point qui ait été plus que lui en butte aux traits de la malveillance et de la méchanceté. Peut-être se fût-on montré moins injuste à son égard s'il eût éprouvé quelque disgrâce. Nous ne prétendons pas faire ici l'apologie de **M.** le comte de Chabrol plutôt que celle de tout autre membre de la chambre élective ; nous voulons seulement être justes, et c'est l'être que de flétrir les calomnies dont il a été trop souvent l'objet. **M.** le comte de Chabrol appartient à une ancienne famille d'Auvergne. Élève de l'école polytechnique, il suivit le général Bonaparte en Égypte, en qualité d'ingénieur militaire. Ses talens et sa loyauté le firent nommer sous-préfet après le 18 brumaire, et successivement préfet de Montenotte en 1806. Chargé plus tard de surveiller le vertueux Pie VII, **M.** de Chabrol sut allier dans cette pénible mission toutes les convenances au devoir qui lui était imposé. En 1812, il fut appelé à la préfecture de la Seine en remplacement de Frochot, et nommé maître des requêtes. Après l'abdication de Napoléon, il fit partie de la députation chargée de complimenter Louis XVIII, et ce fut lui qui eut cet honneur. Le Roi le maintint dans sa place et le nomma officier de la légion d'honneur et conseiller d'État. Fidèle au Roi comme il l'avait été à Napoléon avant qu'une abdication l'eût dégagé de ses sermens, il ne prit aucune part aux événemens des cent jours. Au retour des Bourbons, il rentra à la préfecture de la Seine. Nommé député de ce département en 1816, **M.** le comte de Chabrol reçut presqu'en même temps les décorations de Saint-Waldimir, de l'aigle rouge et du lion de Belgique. En 1824 l'arrondissement de Riom le porta à la législature, et le grand collége de Clermont le réélut en 1827. Étranger aux disputes d'opinion, **M.** de Chabrol s'est exclusivement occupé des intérêts de ses commettans et de ses administrés, et l'on peut dire que de nombreuses et de notables améliorations sont constamment le but et le fruit de ses efforts. L'équité de ses actes, sa sollicitude pour le malheur, la protection qu'il accorde à l'industrie, aux lettres, aux beaux-arts, à tout ce qui peut concourir à la prospérité et à la gloire de son pays, répondent sans cesse aux railleries dont il est l'objet de la part de quelques brouillons incapables d'apprécier son mérite et les nobles sentimens qui l'animent. Ce magistrat a épousé la fille du prince Lebrun, qui fut archi-trésorier de l'empire. L'institut le compte parmi ses membres les plus distingués.

CHABRON DE SOLILHAC (le maréchal-de-camp),

[Haute-Loire], — *centre droit* (263).

C'est un des ennemis les plus déclarés des institutions libérales. Depuis 1815, d'introuvable mémoire, jusqu'en 1828, il n'a cessé d'appuyer les mesures anti-nationales qui ont été présentées à la chambre élective. Aide-de-camp de Charette, il viola les traités, qu'il avait signés, de Jannais et de la Mabillais, fut arrêté et condamné à la détention; mais il parvint à s'évader. M. Chabron de Solilhac remplissait les fonctions de maire dans sa commune lorsque les Bourbons reparurent. Envoyé à la chambre frénétique de 1815, les principes qu'il y adopta lui acquirent les titres de prévôt du département du Cher et de maréchal-de-camp. Membre de toutes les législatures qui se sont succédées depuis ce temps, il a paru souvent à la tribune et souvent

il y a excité le rire par l'exagération de ses discours
et l'accent ridicule avec lequel il les prononce.

CHAGRIN DE BRULLEMAIL (Jacques),

[Orne], — *centre droit* (157).

Ce député, qui n'avait point encore figuré parmi
nos législateurs avant 1828, fit une déclaration de
principes qui détermina les électeurs de Mortagne,
dont il présidait le collége, à lui accorder la majorité de leurs suffrages en 1827. M. de Brullemail n'a
apporté à la chambre d'autre ambition que *celle de
soutenir un gouvernement sage et réparateur.*

CHAMPVALLINS (du Gaigneux de),

[Loiret], — *centre droit* (271).

Est conseiller à la cour royale d'Orléans. Il n'a
paru qu'une seule fois à la tribune depuis l'ouverture de la session 1828 : ce fut dans la séance du
19 février pour proposer l'admission de M. Babey,
élu dans le département du Jura. Nous avons re-
marqué dans son discours des de phrases éloquentes.
M. de Champvallins a été envoyé à la chambre par
les électeurs constitutionnels du grand collége de
son département : ses principes bien connus ne
laissent aucun doute sur l'indépendance de son
vote.

CHAMPY,

[Vosges], — *côté gauche* (428).

Il est propriétaire de plusieurs forges et possesseur d'une immense fortune territoriale. Député en 1820, il n'avait pas été réélu à l'expiration de son mandat. Après la dissolution de la chambre Villèle, il fut reporté à la législature par les suffrages de ses concitoyens; mais les élections des Vosges ayant été annulées comme entachées de vices révoltans, il ne put siéger dès l'ouverture de la session 1828. Sa réélection est d'autant plus honorable qu'il est le seul des membres dont se composait la première députation des Vosges qui ait été conservé.

CHANTELAUZE (de),

[Loire], — *centre droit* (52).

Il est procureur-général près la cour royale de Riom, et c'est aux électeurs constitutionnels qu'il doit sa nomination à la chambre des députés où il siégeait pour la première fois en 1818. Son admission subit quelque contrariété à cause de l'incertitude où l'on était sur la possession annale de l'honorable membre. M. Lacroix-Laval, maire de Lyon, ayant attesté sur l'honneur l'existence de cette possession, M. de Chantelauze fut proclamé député de la Loire.

CHARDEL ,

[Seine 6ᵉ collége], — *côté gauche* (131).

Juge au tribunal de première instance de Paris.
Ce magistrat, qui a déjà rendu de nombreux services
à nos libertés, était digne, sous tous les rapports,
des suffrages qui l'ont porté à la législature. Dans
le moment des élections *la mère Duchesne* eut la
lâcheté de répandre que l'honorable M. Chardel
pouvait fournir l'adresse d'un magistrat qui avait
écrit huit mois auparavant au ministre de la justice
que si on ne lui donnait pas la décoration de la légion d'honneur, il se porterait candidat de l'opposition en cas de dissolution de la chambre des députés. Cette atroce calomnie de *la Quotidienne*
était uniquement dirigée contre M. Chardel qui crut
devoir y répondre par une lettre insérée au *Constitutionnel* du 21 avril 1828. Nous en avons extrait
le passage suivant qui donnera une idée des sentimens
du nouveau député. « Je déclare, dit-il, que le
» magistrat qui aurait proposé un tel marché aurait
» commis une infâmie, et je n'en connais aucun à
» qui une telle bassesse puisse être imputée ; pour
» moi je n'ai jamais écrit à M. de Peyronnet qui,
» il y a huit mois était ministre de la justice ; jamais
» je n'ai proposé, soit à lui, soit à tout autre, le
» marché odieux dont le correspondant de la *Quo-
» tidienne* a pu croire capable un magistrat ; jamais
» je n'ai demandé la décoration de la légion d'hon-
» neur. Lorsque j'ai dit, dans une circulaire, que je
» n'avais jamais prostitué la toge de magistrat dans
» l'antichambre d'un ministre, j'avais le droit de le

» dire, et *la faction qui a tenté vainement d'as-*
» *servir la magistrature* n'a pu répondre que par
» une calomnie. »

CHARENCEY (le comte de),

[Orne], — *côté droit* (22).

Il siégeait parmi les membres de l'opposition royaliste dans la chambre vénale. Il n'a pas changé de
système. M. le comte de Charencey est toujours
ami de nos institutions. Il a été nommé conseiller
d'État par ordonnance du 12 novembre 1828.

CHASTELLIER (de),

[Gard], — *centre gauche* (194).

Il est maire de la ville de Nîmes. Sa nomination
est due à une transaction du parti libéral qui lui a
accordé ses suffrages afin d'obtenir l'élection de
M. le baron Daunant. M. Chastellier est très-estimé
de ses administrés ; il justifie, par ses votes, la haute
opinion que ses principes avaient donné de lui aux
amis de la monarchie constitutionnelle.

CHATEAUDOUBLE (Paul de),

[Var], — *centre droit* (400).

Maire d'une petite commune rurale, il organisa
les gardes nationales du Gard pour s'opposer à
l'invasion de Napoléon, en 1815. Le duc d'Angou-

lême le nomma sous-préfet de Toulon le 25 mars, c'est-à-dire quatre jours après que l'Empereur eut remonté sur le trône. On pense bien que M. Paul de Châteaudouble n'exerça pas long-temps ses nouvelles fonctions. Après le désastre de Waterloo cet honorable prit le commandement supérieur des gardes nationales de l'arrondissement de Draguignan et fut nommé préfet provisoire du Var, le 17 juillet, puis renvoyé à sa sous-préfecture de Toulon, par le duc de Rivière, commissaire extraordinaire du Roi dans le midi. Il fut maintenu dans ce poste jusqu'en 1818. Son début dans la carrière législative a commencé en 1816. Élu député par le Var, M. Paul de Chateaudouble prit place au côté droit et combattit quelques mesures du ministère Decaze. Il a été nommé successivement sous-directeur de la caisse d'amortissement et chevalier des ordres royaux de Saint-Louis et de la légion d'honneur. Réélu en 1824 par l'arrondissement de Brignolles, dont il présidait le collége, il a voté pour toutes les mesures exceptionnelles du ministère vandale. Depuis son admission à la nouvelle chambre, il n'a paru à la tribune qu'une seule fois ; ce fut comme rapporteur d'un bureau à l'occasion de l'élection de l'honnête M. de Boisbertrand. Ce député remplit souvent de pareilles fonctions, et il est bien rare qu'il n'assaisonne ses rapports de quelques ridicules plaisanteries.

CHATEAUFORT (de),

[Sarthe], — côté droit (273).

Il remplace le baron de la Bouillerie qui a fait de si brillantes affaires depuis quelques années. M. de Châteaufort, qui siégeait pour la première fois en 1828, fera aussi son chemin.... si le parti prêtre a le dessus.

CHAUVELIN (FRANÇOIS),

[Côte-d'Or], — extrême gauche (29).

Est le fils du marquis de Chauvelin, lieutenant-général, ministre à Gênes, à Parme, ambassadeur à Turin, maître de la garde-robe du Roi, etc. L'honnorable député a été élevé à l'école militaire de Paris. Ambassadeur à Londres en 1792, puis à Florence, M. Chauvelin revint dans sa patrie où il fut emprisonné comme ancien noble et détenu pendant onze mois, étant sans cesse menacé de l'échafaud. Remis en liberté le 9 thermidor, il fut nommé tribun après le 18 brumaire, préfet de la Lys en 1804, conseiller d'État en 1806, intendant-général de la Catalogne en 1810. Député de la Côte-d'Or en 1817, M. Chauvelin se montra l'un des plus zélés et des plus courageux défenseurs des libertés publiques, notamment en 1819 dans l'orageuse discussion que provoqua la loi de la presse proposée par le ministre de Serre. Durant la session de 1820, cet orateur était retenu dans son lit par une maladie assez grave ; ayant appris que son vote pouvait faire accorder la priorité à l'amendement de Camille Jordan sur la loi des élections, il se fit porter à la chambre pour déposer sa boule. A l'issue de cette séance, M. Chauvelin fut reconduit chez lui par une foule de jeunes gens aux cris de vive la Charte! vive notre député! Cet hommage rendu au dévouement de cet excellent patriote excita la haine des énergumènes du pouvoir, et le lendemain des assassins armés de bâtons se précipitèrent sur lui aux cris de vive le Roi! Il eût été infailliblement massacré si les jeunes gens qui l'avaient accompagné la veille ne s'étaient empressés de lui faire un bouclier de leurs corps. C'est ainsi que commencèrent les troubles du mois de juin, troubles que les massacres de la rue Saint-Denis n'ont pu effacer du souvenir des parisiens. Cet honorable membre cessa ses fonctions de député en 1824. Rappelé de nouveau à la chambre élective par la Côte-d'or, il a repris la place qu'il occupait parmi les orateurs les plus distingués du côté gauche.

CHENEVAZ,

[Isère], — *centre droit* (330).

Appelé à la législature de 1824 par l'influence des congréganistes, il fut l'un des membres les plus ardens de la majorité. Le zèle qu'il déploya à cette époque le fit porter comme secrétaire au bureau de la chambre, et lui acquit la faveur de participer avec M. Ravez à des travaux qui nécessitaient un grand dévouement. M. Chenevaz se montra fier de cet excès d'honneur. Fidèle à son parti durant la dernière session, il a voté constamment avec ses amis de l'extrême droite, contre le nouveau ministère. Ce n'est donc pas sans quelque surprise qu'on a vu ce ministère choisir M. Chenevaz pour remplacer M. de Noailles à l'un des sièges les plus élevés de la magistrature ; M. Chenevaz, premier président de la cour royale de Grenoble ! Voilà, il faut en convenir, une grande générosité de la part de nos hommes d'État.

CHEVALIER-LEMORE,

[Haute-Loire], — *centre droit* (518).

Membre de la chambre servile, il a appuyé de son vote tous les projets désastreux du ministère Villèle. M. Chevalier-Lemore ne monta qu'une seule fois à la tribune durant la dernière session : ce fut pour parler en faveur des religieuses sécularisées. Cet honorable est conseiller à la cour royale de Paris.

CHEVRIER DE CORCELLES,

[Ain], — *centre gauche* (436).

Est président du tribunal de première instance de Bourg. Il n'avait fait partie d'aucune législature avant l'ouverture de la session de 1828.

CHEVRIGNY DU TEMPLE,

[Eure-et-Loire], — *côté droit* (159).

Il a commencé sa carrière législative en 1828.
C'est l'un des muets du bataillon-Labourdonnaye.
Ajoutons que l'honorable est maire de Cottainville.

CHOISEUL - D'AILLECOURT (le comte Victor de),

[Orne], — *centre droit* (154).

Ce député a siégé dans la chambre Villèle parmi
les membres de la contr' opposition. Réélu par le
grand collége de l'Orne, il a protesté, comme
M. Chagrin de Brullemail, son collègue de députation, de son amour pour nos institutions. Son
vote répond dignement à cette protestation. M. le
comte Choiseul-d'Aillecourt est maréchal-de-camp,
commandeur de la légion d'honneur et chevalier de
Saint-Louis.

CHOLLET DE MAUVAGE (le baron),

[Meuse], — *centre droit* (395).

Il a siégé depuis 1822 jusqu'à la dissolution de
la chambre vénale, où il votait pour le ministère.
Réélu en 1827, il a repris la place qu'il occupait au
centre, et, soit réserve, soit calcul de sa part, il
s'est abstenu jusqu'à présent de prendre la parole.

M. le baron Chollet est membre du conseil général
de la Meuse et officier de la légion d'honneur.

CLARAC (le baron de),

[Hautes-Pyrénées], — *extrême droite* (469).

Député à la chambre introuvable, il vota avec
les ultras. Depuis la dissolution de cette chambre,
il ne fit plus partie d'aucune jusqu'en 1820 , époque
à laquelle le noble baron fut rendu à la législature
par les électeurs à double vote. On le croit villéliste ; cependant il vote dans le sens du nouveau
ministère. Craindrait-il pour sa place d'intendant
militaire de la maison du Roi ? M. le baron de Clarac
est chevalier de Saint-Louis et commandeur de la
légion d'honneur. Nous ignorons comment il a acquis ses décorations.

CLÉMENT ,

[Doubs], — *côté gauche* (302).

Ancien membre du corps législatif , a siégé
dans la chambre des *cent jours*, et ce n'est qu'en
1827 qu'il a pu reparaître parmi les défenseurs de
nos libertés. L'honorable membre avait pour concurrent aux dernières élections cet honnête M. de
Moustiers dont les journaux ont tant parlé. Le
pauvre homme ! a-t-il été *enfoncé* avec son grand
costume d'ambassadeur !

COLOMB (Jean-Paul-Cyrus),

[HautesAlpes], — *centre droit* (51).

A commencé sa carrière législative dans la
chambre introuvable où il se fit remarquer par son
libéralisme et ses talens. Il y vota contre la loi dite
d'*amnistie* et s'opposa à la lecture de l'infâme pétition des marseillais, qu'on a attribuée à un littérateur
libéral. Il soutint, en 1818, la réputation honorable
qu'il s'était acquise par ces antécédens. Chargé de
porter la parole dans le procès de Marnet et Can-
tillon, accusés de tentatives d'assassinat contre
Wellington, il déploya le plus noble caractère, et
acquit des droits à l'estime de tous les bons citoyens
en accordant un sauf-conduit au malheureux Marnet. Depuis cette époque ce même M. Colomb,
porté à la députation par l'influence du ministère, a
vôté pour toutes les lois exceptionnelles du triumvirat!!! Réélu par la même influence, il est redevenu
quelque peu libéral. Une seule chose peut expliquer tant de versatilité : M. Colomb est avocat général près la cour royale de Paris, et l'on sait que
cette place n'est pas inamovible.

CONNY (le vicomte de),

[Allier], — *côté droit* (23).

Ce noble personnage aurait beaucoup mieux figuré dans la chambre introuvable que dans celle où
il a été envoyé par les électeurs de Moulins. Depuis

l'ouverture de la nouvelle chambre septennale ,
M. de Conny a paru fréquemment à la tribune. Dans
la séance du 29 mars 1828, il parla des Romains à
l'occasion d'une pétition des électeurs des Bouches-
du-Rhône ; dans celle du 5 avril, il s'éleva contre
la réunion qui eut lieu au salon de Mars, dans l'objet
de diriger le choix des électeurs de la Seine sur des
candidats dignes d'être appelés à la représentation
nationale. Son discours, qui eût été couvert d'applaudissemens dans la chambre vénale, ne produisit
dans la nouvelle qu'un mélange de surprise et d'indignation. M. Alexandre de Laborde, tout en éta-
blissant que les réunions du genre de celle qui
avait servi de texte aux ridicules déclamations de
M. de Conny, n'avait rien de contraire aux lois,
flétrit de son éloquence toutes les assertions incon-
venantes qui venaient d'exciter les murmures et le
mécontentement de l'assemblée. Nous conseillons
à M. de Conny d'être plus modéré dans son langage : la révolution dont il semble voir partout les
simptômes, ne saurait se reproduire, et il est peu
sage de repaître son esprit de pareilles chimères.
Le Roi et la Charte, toute la Charte, voilà ce que
veut le peuple français, et M. de Conny ne devrait
pas l'ignorer.

CONSTANT DE REBECQUE (Benjamin-Henri),

[Bas-Rhin], — *extrême gauche* (28).

Né à Lauzane en 1767, d'une famille de protestans réfugiés, descend d'un baron Augustin Constant qui, après avoir sauvé la vie à Henri IV, quitta les drapeaux de ce prince dès qu'il se fit catholique. M. Benjamin Constant a fait ses études aux universités d'Édimbourg et de Gœttingue. Placé d'abord à la cour de Brunswick, il la quitta en 1795, vint en France et s'y lia avec les hommes les plus distingués de l'époque. En 1799, il se présenta à la barre du conseil des Cinq cents pour réclamer ses droits et ses titres de Français, ce qui lui fut accordé. Quelques brochures qu'il publia lui acquirent une brillante réputation. En 1797, il s'attacha à madame de Staël, contribua par son crédit au rappel de quelques émigrés et à faire nommer Talleyrand-Périgord ministre des relations extérieures. Appelé au tribunat en 1799, il en fut exclu en 1802 ; et, proscrit par Bonaparte en même temps que madame de Staël, il se retira à Gœttingue, où il épousa, en 1808, une jeune personne de la famille des Hardemberg. M. Benjamin Constant vécut dans la retraite jusqu'à la restauration, consacrant tous ses instans à son grand ouvrage sur les religions. De retour en France, il fit paraître divers écrits favorables à la liberté et lança contre Napoléon, qui venait de débarquer, la plus violente philippique. Il finit toutefois par se réunir à ce prince. Nommé conseiller d'État, il coopéra à la rédaction de l'acte additionnel. Après le désastre de Waterloo, il passa en Angleterre, et ne reparut en France qu'après l'ordonnance du 5 septembre. Ses nombreux écrits, sa participation à la rédaction de la Minerve, rendirent bientôt son nom populaire. Les libéraux le portèrent en 1818 à la candidature de la Seine ; mais il ne put être élu qu'en 1819. Ce fut le département de la Sarthe qui le choisit pour son député. Pendant cette session et les deux suivantes, il ne laissa passer aucune circonstance importante sans faire entendre sa voix éloquente et courageuse. A l'expiration de son mandat, il ne fut pas réélu ; mais en 1824 le département de la Seine l'ayant rendu à la législature, le fameux Dudon lui contesta ses droits de Français, et M. Benjamin Constant ne put être admis à siéger qu'au bout de quelque temps. Depuis cette époque il a constamment lutté contre les projets désastreux du ministère Villèle. Cet honorable député a recueilli le prix de ses généreux efforts après la dissolution de la chambre servile : Paris et Strasbourg l'ont élu à la fois. M. Benjamin Constant a opté pour ce dernier département. Les bornes de cet ouvrage nous forcent d'omettre une foule de particularités qui honorent le caractère de ce grand orateur. Au reste, nous pensons qu'il est trop connu pour qu'il soit nécessaire d'ajouter la moindre des choses à cet article.

CORCELLES,

[Seine], — *extrême gauche* (289).

C'est un des défenseurs les plus courageux des libertés publiques. Il était officier lorsque la révolution éclata. Cédant au torrent qui entraînait au-delà de la frontière tout ce que la France avait de nobles, il émigra et servit dans l'armée de Condé ; mais, honteux d'avoir à supporter les humiliations de l'étranger et plus honteux encore d'avoir à combattre contre sa patrie, M. de Corcelles abandonna les drapeaux de ce prince, passa en Angleterre et rentra bientôt en France. Commandant de la garde nationale de Lyon en 1815, il fut poursuivi, emprisonné à la seconde restauration. Obligé de se réfugier dans les Pays-Bas, il ne reparut dans ses foyers que vers la fin de 1818. Alors il fut envoyé à la chambre des députés par le département du Rhône : là, le patriotisme qui régnait dans tous ses discours, le fit souvent rappeler à l'ordre par les ennemis de la liberté. Dans l'intervalle de la session, il courut les plus grands dangers.

Un jour M. de Corcelles était assis tranquillement à une table du café Lemblin, lorsque les misérables qui avaient provoqué les troubles de juin envahirent ce café et s'avancèrent sur lui d'un air menaçant : « Fermez toutes les portes ! s'écria aussi- » tôt l'honorable député ; voyons qui fléchira de » toute cette bande ou d'un vieux soldat ! » M. de Corcelles fut respecté.

Dans toutes les circonstances de sa vie, il a développé le caractère le plus énergique. Nous ne saurions énumérer ici tous les services de ce bon Français. A la tribune comme au camp, il n'a jamais pu entendre prononcer un mot contraire aux intérêts de la patrie.

M. de Corcelles ne fut point réélu après l'expiration de son mandat : c'était au département de la Seine qu'était réservé l'honneur de rappeler à la législature un homme si digne de figurer parmi les défenseurs de nos droits.

CORDIER,

[Jura], — *centre gauche* (5o5).

Encore une erreur du triumvirat vandale. Croirait-on que ce vertueux citoyen était son candidat aux dernières élections ?

M. Cordier n'avait encore figuré dans aucune législature avant celle de 1828. Il est inspecteur divisionnaire des ponts-et-chaussées.

CORDOUE (le marquis de),

[Drôme], — *centre droit* (265).

C'est un riche propriétaire de Tain, que le grand collége de la Drôme a envoyé, pour la seconde fois depuis 1821, à la chambre élective. Homme de bien, ami de notre royale dynastie et des institutions que la Charte a consacrées, son langage est toujours en harmonie avec ses intentions loyales. Dans la séance du 19 février 1828, cet honorable membre prononça un discours, à l'occasion des élections de la Meuse, qui excita à plusieurs reprises les applaudissemens des amis des libertés

publiques et les murmures des partisans de l'absolutisme. Obligé de s'interrompre pour chercher sur
ses feuilles la fin de ce discours, il entendit quelques éclats de rire au côté droit : « Messieurs,
» dit-il vivement, si je n'ai pas bien les mots sous
» les yeux je les ai bien dans le cœur. »

M. le marquis de Cordoue a été sous-préfet, et
possède de vastes connaissances administratives. Il
vient d'être nommé officier de la légion d'honneur
à l'occasion de la fête du Roi.

CORMENIN (le vicomte de),

[Loiret], — *centre gauche* (309).

Magistrat éclairé, excellent citoyen. Dans une
adresse aux électeurs, avant sa nomination, il a
dit : « Après la royauté que devons-nous le plus
» chérir et le plus défendre, si ce n'est la liberté
» de la presse ; cette liberté qui, sans les nommer,
» exprime toutes les autres libertés ; cette liberté
» qui circule comme un esprit de vie dans toutes
» les parties du corps social, qui est la police uni-
» verselle du royaume, la gardienne vigilante du
» trône et des institutions ; cette liberté qui ne doit
» avoir d'autre censeur que l'opinion et d'autre
» juge que le jury. » M. Cormenin, que les suffrages des électeurs d'Orléans ont envoyé pour la
première fois à la chambre élective en 1827, a dès
long-temps donné des preuves de son intègre indépendance. Ses ouvrages de jurisprudence, publiés sous la dernière administration, respirent un
esprit de loyauté et de patriotisme. Il avait pour
concurrent M. Boullanger, autre candidat consti-

tutionnel, et sur lequel il ne l'a emporté que de quelques voix. Cette circonstance ne peut qu'ajouter à la haute considération qu'il s'est acquise par ses vertus et son dévouement à nos institutions.

CARROYON DE VANDEUL,

[Haute-Marne], — *côté gauche* (130).

Avait pour concurrent, aux élections de 1827, le ministériel Roger; il a été élu à la majorité de 100 voix sur 199. M. Carroyon de Vandeul est dévoué au maintien de la Charte. Il n'avait fait partie d'aucune législature avant celle de 1828. C'est un riche manufacturier de Langres.

COTTEAU,

[Nord], — *côté droit* (216),

Congréganiste de la chambre introuvable, dénué de moyens oratoires et qui ne rêve sur son banc qu'au retour du ministère Villèle, à qui il doit sa croix d'honneur et la place de conseiller-auditeur dont son fils jouit à Metz. Cet honnête député est adjoint à la mairie de Cambrai.

COUDERC,

[Rhône], — *côté gauche* (353).

L'un des négocians les plus riches et les plus généralement estimés de la seconde ville de France. Il a fait partie de la courageuse minorité de la chambre Villèle. M. Couderc a repris sa place au côté gauche. Il est inutile de dire comment vote cet honorable député.

COUTARD (Louis-François comte de),

[Sarthe], — *côté droit* (62).

Chef de bataillon en 1798, il se trouva au siége de Gênes; devenu colonel en 1809, il fit à Ratisbonne une capitulation par laquelle les sous-officiers et soldats de son régiment demeurèrent prisonniers de guerre, tandis que lui et son état-major rentraient en France. Général de brigade en 1813, lieutenant-général après la restauration, M. le comte de Coutard fut un des juges qui condamnèrent l'infortuné Mouton-Duvernet à la peine capitale. Il prit, en 1817, le commandement de la 13ᵉ division militaire, et celui de la 1ʳᵉ (Paris) en 1822. Les preuves de dévouement qu'il avait données à Nantes et à Rennes le firent porter plusieurs fois par le ministère vandale à la présidence du collége de la Sarthe, qui a fini par l'envoyer à la nouvelle chambre.

Il était absent de Paris lorsque la force armée dont le commandement lui est confié massacra les citoyens que des lampions avaient attirés dans les rues Saint-Denis, Saint-Martin et Mauconseil. Ce député prend rarement la parole, et cela pour cause. On assure qu'il n'est pas moins dévoué au ministère actuel qu'il ne l'était à celui dont la sagesse royale nous a délivrés. M. le comte de Coutard est grand' croix de Saint-Louis et grand officier de la légion d'honneur.

CRESSAC (le baron de),

[Vienne], — *centre droit* (512).

L'un des trois cents de la chambre Villèle où il a commencé sa carrière législative. C'est une espèce de mannequin qui votera comme on voudra pourvu qu'on lui laisse sa place d'ingénieur des mines.

CREUZÉ,

[Vienne], — *centre droit* (53).

C'est le pendant de M. le baron de Cressac. Son admission à la nouvelle chambre a donné lieu à une discussion passablement orageuse. Il s'agissait d'une pétition de plusieurs électeurs qui contestaient la validité de son élection. M. Creuzé, qui avait présidé le collége auquel il doit sa nomination, paraît à la tribune pour se défendre des inculpations des pétitionnaires. « J'ai produit, dit-il, un certi-
» ficat constatant que je paye 1,056 francs; si je
» n'en ai pas fourni d'autre, c'est que j'ai été déjà
» élu trois fois, et qu'on n'a jamais exigé plus (*mou-*
» *vement à gauche*). Pour ce qui est des opéra-
» tions du collége, nulle part elles n'ont été plus
» régulières (*murmures*), plus décentes... (*oh!*
» *oh!*) Le bureau était libre, chacun pouvait en
» approcher et constater les bulletins par ses pro-
» pres yeux... (*rires universels et prolongés*) »
Les honorables membres qui devaient admettre plus tard M. Sirieys de Mayrinhac, nommé par quarante

faux électeurs, se levèrent pour l'admission de
M. Creuzé, et elle fut prononcée. C'est dans cette
séance (9 février 1828) que M. Casimir Perrier prononça ces mots si pleins de vérité : « *La France*
» *a soif d'ordre légal et de justice administrative.*»

CRIGNON DE BONVALLET,

[Loir-et-Cher], — *centre gauche* (372).

Ce nom n'avait point figuré, avant 1828, sur
la liste de nos représentans. C'est à ses vertus privées, c'est à son amour pour nos institutions qu'il
doit sa nomination. M. Crignon de Bonvallet est
aussi indépendant par sa fortune que par son caractère ; il n'est pas orateur, mais il a le jugement
sain et de la solidité dans ses principes. Cet honorable membre a été élu à Vendôme par une majorité de 110 voix sur 184. Il complète la députation
de Loir-et-Cher, où un député restait à élire par
suite de l'option de M. Pelet pour Blois.

CRIGNON DE MONTIGNY,

[Loiret], — *centre gauche* (193).

Il remplace le villéliste Rocheplatte ; mais il vote
pour le maintien de nos institutions. M. Crignon
de Montigny a paru pour la première fois en 1828
sur les bancs de la chambre élective.

CROIZET,

[Cantal], *extrême droite* (171).

C'est pour la troisième fois depuis 1815, d'effrayante mémoire, que le Cantal envoye cet honnête auvergnat à la chambre élective, où il a voté constamment avec le ministère.

Fils d'un paysan de l'arrondissement de Mauriac, il devint en peu de temps receveur général du Cantal, sous le règne de Napoléon. Depuis, il s'est démis de cette place en faveur de son gendre. Ce député passe pour être l'homme le plus avare de son département. On assure que pour économiser des frais de voiture, il fait tous ses voyages à pied. Sous le rapport des connaissances et du talent, on peut le considérer comme nul : nous le défions d'écrire ou prononcer deux phrases d'une manière correcte. Un porteur d'eau, qui le connaît très-bien, l'a défini en peu de mots : *Ch'est*, disait-il, *oun hommé qui né poua coumpta à la sambré qué per cha voix.*

CRUBLIER DE FOUGÈRES,

[Indre], — *centre gauche* (318).

C'est en 1827 que ce respectable citoyen a eu pour la première fois les honneurs de la législature. Il remplit dignement son mandat.

(89)

CRUSSOL (le duc de),

[Gard], — *centre droit* (323).

C'est, dit-on, un excellent militaire ; cependant
son nom ne figure point dans nos glorieux fastes :
on ne le trouve que dans l'almanach royal où il
est qualifié de maréchal-de-camp et d'aide-de-camp
du Roi. Quant à ses travaux législatifs ils nous sont
un peu plus connus que ses services guerriers.
Nous savons qu'il votait dans la chambre vénale
pour les projets du ministère Villèle, et qu'il vote
maintenant pour ceux du ministère actuel. Ajoutons
que M. le duc de Crussol est le fils de M. le duc
d'Uzès, membre de la chambre des pairs.

CUNIN GRIDAINE,

[Ardennes], — *centre gauche* (122).

Ce député, qui siégeait en 1828 pour la pre—
mière fois, est un riche négociant de Sedan. Les
libertés publiques n'ont pas d'ami plus loyal et plus
désintéressé. Dans le comité secret du 4 mars, il
soutint avec chaleur le projet d'adresse en réponse
au discours du trône, et contribua à y faire entrer
le mot *déplorable*, qui qualifiait si bien le système
du dernier ministère. Nous avons appris avec plaisir qu'il venait de recevoir la croix de la légion
d'honneur à l'occasion de la Saint-Charles.

CURZAY (le vicomte de),

[Vienne], — côté droit (60).

Il était préfet de la Vendée en 1827; il remplit aujourd'hui les mêmes fonctions dans l'Ile-et-Vilaine. C'est un des villélistes les plus acharnés contre nos institutions. Membre de la chambre servile, il a parlé en faveur de *la loi de justice et d'amour* et pour toutes les mesures contraires aux intérêts du pays. Depuis l'ouverture de la nouvelle chambre, M. de Curzay a pris la parole chaque fois qu'il a été question des manœuvres employés par les préfets-Villèle lors des dernières élections. Dans la séance du 14 février 1828, après avoir essayé de justifier la conduite de ses collègues : « Ce » n'est pas aux préfets qu'on en veut, s'est écrié » cet honorable, car on sait qu'ils n'ont fait, *pour* » *la plus part*, que leur devoir...—Oui! oui! pour » la plus part !... Vous croyez être à la chambre de » 1824 ou de 1826... Votre discours est un ana— » chronisme.—C'est à l'administration du Roi qu'on » s'attache... (*longue interruption*)—A l'ordre ! » à l'ordre !—Continuez.—Vous insultez les hon— » nêtes gens! Vous insultez la chambre ! — Voilà » Messieurs, le grand œuvre entrepris ; tel est le » but qu'on se propose d'atteindre, et rien n'est » plus facile à y atteindre que de déverser le mé— » pris sur le gouvernement du Roi. — A l'ordre ! » à l'ordre ! » On peut juger, d'après ce que nous venons de rapporter, des principes et des disposi- tions de M. le préfet d'Ile-et-Vilaine, qui est en même temps maître des requêtes et gentilhomme honoraite de la chambre du Roi. Quel dommage que 1815 soit si loin de nous ! M. de Curzay eût figuré avantageusement parmi les introuvables.

D.

DAUNANT (le baron de),

[Gard]. — *côté gauche* (129).

Conseiller à la cour royale de Nismes, a été maire de cette ville sous le gouvernement impérial. Sa carrière législative a commencé en 1828.

M. le baron Daunant est l'ennemi le plus déclaré de la fraude et de l'arbitraire ; déjà, dans un discours plein de force et de vérité, il a flétri, à la tribune, les manœuvres que les préfets–Villèle ont employées pour empêcher des élections libérales.

DAUNOU (Pierre-Claude-François),

[Finistère], — *côté gauche* (129).

Né à Boulogne-sur-Mer en 1761, il entra fort jeune dans la congrégation de l'oratoire, et devint grand vicaire de l'évêque constitutionnel du Pas-de-Calais. Député à la Convention nationale en 1792, et au conseil des Cinq cents en 1796, il fut nommé tribun en 1800, et successivement conservateur de la bibliothèque du Panthéon, membre de l'institut, archiviste de l'empire, membre de la légion d'honneur, membre de l'académie royale des inscriptions en 1816, député en 1818 et professeur d'histoire au collége de France en 1819.

A la Convention, M. Daunou vota pour la détention de Louis XVI et le bannissement de ce prince à la paix. Décrété d'arrestation avec les Girondins pour s'être prononcé contre les mouvemens du 31 mai et jours suivans, il passa quinze mois dans les cachots. De retour dans cette assemblée le 18 frimaire an 3, il en fut nommé président, fit partie de la commission chargée de présenter les lois organiques de la Constitution de 1795 et entra bientôt après au comité de salut public, où il dénonça les manœuvres des sections de Paris contre la Convention. Premier président du conseil des Cinq cents, il en sortit pour aller organiser la république romaine ; il y rentra en l'an 6 et y resta jusqu'au 18 brumaire. Devenu président du tribunat, ses véhémentes remontrances sur la violation de l'ordre constitutionnel l'en firent exclure. M. Daunou joint à un talent remarquable une profonde érudition et une philosophie véritablement philantropique. La France a peu de défenseurs aussi fermes des libertés conquises par la révolution et consacrées par la Charte. Ennemi déclaré de l'arbitraire, il l'attaque partout où il se montre et sans ménagement.

Membre de la chambre des députés en 1818, M. Daunou siégea jusqu'en 1823 et ne fut point réélu, grâce aux intrigues des ministres dont il avait combattu constamment le pernicieux système pendant la durée de son mandat. Nous avons de lui un grand nombre de très-bons ouvrages et entr'autres un *Essai sur la puissance temporelle des Papes* dont Chénier, son ami, a donné une analyse digne de servir de modèle. M. Daunou était, en 1815, le principal rédacteur du *Journal des savans*. On

assure qu'il travaille aujourd'hui à l'histoire litté—
raire de la France. Napoléon a dit de lui, à Sainte-
Hélène : « Homme de bonnes mœurs, bon écri-
» vain ; il avait rédigé la Constitution de l'an 3 ; il
» fut le rédacteur de celle de l'an 8. »

DEBRAY (Augustin).

[Somme], — *centre gauche* (145).

Il a été élu à Amiens où il avait pour concurrent
le célèbre Cornet d'Incourt que tous les colléges de
la Somme ont repoussé. M. Debray est un bon citoyen et un grand manufacturier. Nous ignorons
s'il a des talens oratoires car il n'a pas encore paru
à la tribune.

DELALOT,

[Charente] , — *centre droit* (390).

C'est un des membres les plus distingués de la
chambre élective. M. Delalot est né en Champagne
vers l'an 1772. Il commandait les grenadiers de la
section Lepelletier lors de l'insurrection des parisiens contre la Convention. Condamné à mort après
le 13 vendémiaire, il ne dut qu'à une prompte fuite
la conservation de ses jours. Cet honorable député
a long-temps coopéré à la rédaction du *Journal des
Débats*. Appelé à la législature en 1821, il adressa
aux électeurs qui venaient de lui accorder leurs suffrages, un discours où l'on remarquait ces mots :
« Je trouverai dans mon propre cœur un attachement vrai, sincère, sans réserve *pour notre Charte
» constitutionnelle*, gage de stabilité si nécessaire

» à tous les intérêts, autel de la concorde où les
» les Français qui veulent le salut de la patrie doi-
» vent se serrer étroitement pour étouffer toutes les
» divisions dans des embrassemens fraternels. »
M. Delalot a pleinement justifié la haute idée qu'il
avait donnée de son caractère. Réélu par la Charente, il a réuni, en 1828, le plus de voix comme
candidat à la présidence de la chambre; mais le
choix du Roi s'est fixé sur M. Royer-Collard, que
des titres non moins puissans recommandaient à la
bienveillance du trône.

DELARODE,

[Yonne], — *côté droit* (162).

Il remplace à la chambre élective M. le baron de
Bontin, qui votait pour le triumvirat. M. Delarode
est de la trempe de son prédécesseur. Il n'avait
fait partie d'aucune législature avant celle de 1828.

DELAUNAY (Prosper),

[Mayenne], — *côté gauche* (298).

Il a siégé à la chambre des députés depuis 1817
jusqu'en 1824. Fort jeune au moment de la révolution, il n'eut aucun caractère public jusqu'au moment où il fut porté à la législature. M. Delaunay
a toujours professé des opinions libérales. Il a voté
contre les lois d'exception de 1820 et défendu
avec chaleur les intérêts de son département. Cet
honorable député est membre du conseil général
des manufactures et l'un des plus riches négocians
de la Mayenne.

DELAURO,

[Aveyron], — *centre droit* (334).

Congréganiste dont le père s'est fait prêtre après avoir perdu sa femme. Depuis la chambre *introuvable*, où il siégeait en sa qualité d'*ultra*, cet honorable n'a presque pas cessé de figurer parmi nos législateurs. Il a voté pour toutes les mesures exceptionnelles que les triumvirs ont pu présenter.

DELESSERT (Benjamin),

[Maine-et-Loire], — *centre gauche* (370).

C'est un des hommes dont la France constitutionnelle aime à retrouver les noms sur la liste de ses représentans. M. Delessert était officier d'artillerie au commencement de la révolution ; après avoir combattu les ennemis de la patrie, il se retira dans ses foyers et se livra entièrement au commerce. Banquier, régent de la banque de France et successivement juge et vice-président du tribunal de commerce, il remplit ces diverses fonctions avec autant de loyauté que de talent. Ses honorables services lui valurent le titre de baron de l'empire. Il fit partie de la chambre des représentans. Rappelé à la législature en 1817, il siégea jusqu'en 1824 parmi les défenseurs de nos droits et vota comme eux contre toutes les mesures exceptionnelles qui furent présentées. Depuis sa réélection M. Benjamin Delessert a paru plusieurs fois à la tribune, notamment dans le séance du 15 mars 1828 où il a parlé pour l'abolition des passe-ports. Ce respectable citoyen était colonel de la 3ᵉ légion de la garde nationale de Paris, si brutale-ment dissoute par le triumvirat.

DEMARÇAY (le baron MARC-JEAN),

[Seine, deuxième collége], — *côté gauche* (31).

Né dans le département de la Vienne en 1772, sous-lieutenant d'artillerie à 20 ans et successive-ment lieutenant, capitaine dans la même année, commandait en second l'artillerie aux sièges de Landrecies, du Quesnoy et de Valenciennes, où il fut blessé. Nommé chef de bataillon en 1793, il fit les campagnes de Hollande, d'Allemagne, d'Égypte et d'Italie, où il commanda l'artillerie d'une division. Colonel du 5ᵉ régiment d'artillerie au camp de Bou-logne, commandant de la légion d'honneur après la bataille d'Austerlitz, il fut placé en 1806 à la tête de l'école d'artillerie et du génie à Metz. Général-major et premier inspecteur de l'artillerie et du génie en Hollande en 1807, il devint commandant de l'artillerie de Catalogne. En 1810 M. De-marçay demanda sa retraite. Il commanda la garde nationale de Poitiers pendant les cent jours, fut nommé député en 1819, et siégea jusqu'en 1824. Il ne cessa de se montrer à la hauteur de la réputa-tion qu'il s'était acquise par les plus beaux faits d'armes. Mandataire du peuple, il ne négligea aucune occasion d'en défendre les droits et de repousser avec énergie toutes les mesures excep-tionnelles de 1820. On n'a point oublié la magna-nimité qu'il déploya dans son duel avec M. Josse

de Beauvoir, député siégeant à droite ; on sait
que ce dernier ayant tiré sur l'honorable général
sans l'atteindre, celui-ci riposta en déchargeant son
pistolet en l'air. La réélection de M. le baron De-
marçay en 1827 est pour les parisiens un des plus
beaux titres à la reconnaissance de la patrie.

DESBASSINS DE RICHEMONT (le comte),

[Meuse], —*centre droit* (397).

C'est le beau-frère de M. de Villèle. Son père,
honnête colon de l'île de Bourbon, s'appelait, dit-on,
PANON. Comme ce nom lui parut un peu roturier, il y
ajouta ceux de *Des bassins de Riche mont* qu'il tira
de trois mares d'eau et d'un petit morne ou monticule
dont sa rurale habitation était décorée. M. de Villèle
s'étant embarqué dans le commencement de la révolution, fut placé chez M. Panon, en qualité d'éco-
nome, et finit par épouser sa fille. M. Panon-Des-
bassins a occupé divers emplois depuis la restauration, entr'autres celui de commissaire général or-
donnateur de l'île de Bourbon, et l'on sait quelles
discordes signalèrent son administration dans cette
île. Contraint, par les vexations qu'il y avait exercées, à demander son rappel afin d'échapper à la
fureur des habitans, il l'obtint sans peine, et son
beau-frère, qui n'était pas homme à le laisser sans
place, le nomma inspecteur général des établissemens français dans l'Inde. De mauvais plaisans ont
prétendu que les Anglais pâlirent à cette nouvelle.
On donnait, pour raison de leur crainte, un bon
mot du général Bouvet. « M. Desbassins, disait ce
» général, serait brave comme son épée s'il pouvait

» jamais se décider à la tirer. » Nommé député en
1824, il a siégé dans la chambre servile et voté pour
les projets désastreux du triumvirat. Réélu en 1827
par l'effet des manœuvres insidieuses et révoltantes
du préfet de la Meuse, que M. Thouvenel a qualifié
du plus *rusé tacticien électoral de France*, M. Pa-
non-Desbassins-de-Richemont s'est vu sur le point
d'être exclu de la chambre après une discussion fort
orageuse; mais on a usé envers lui comme envers
M. Sirieys de Mayrinhac, d'une indulgence qu'il ne
nous appartient point de qualifier, et l'honorable
beau-frère de l'ex-président du conseil a été proclamé député de la Meuse, et maintenu, par ordonnance du 12 novembre dernier, sur la liste des conseillers d'État.

DESPATYS (le baron),

[Seine-et-Marne], — *côté gauche* (196).

Procureur général près la cour de justice criminelle de Seine-et-Marne sous le gouvernement impérial, puis substitut du procureur général pour le
service des cours d'assises, il fut nommé en 1816
procureur du Roi à Melun. M. Despatys a fait partie de presque toutes les législatures depuis 1816
et a constamment siégé au centre. C'est le fils de
M. Despatys, lieutenant général au Châtelet et député à l'assemblée nationale pour le bailliage de
Melun en 1791. M. Despatys est aujourd'hui président du tribunal de première instance de Melun.

DEVAUX,

[Cher], — côté gauche (9).

Il remplit diverses fonctions publiques jusqu'au 18 brumaire ; dès-lors il se livra à son goût pour le barreau et s'établit près la cour royale de Bourges où il obtint de brillans succès. Membre de la chambre des députés depuis 1819, M. Devaux n'a cessé d'y soutenir les principes de liberté qui sont dans son caractère. Il s'opposa à l'exclusion de Grégoire, vota contre la nouvelle loi d'élection et contre toutes les mesures exceptionnelles. Lors de la pétition de M. Madier de Monjau dont il demanda le renvoi au conseil des ministres et au bureau des renseignemens, ce courageux député prononça un discours où l'on remarque ces passages. « On cherche, dit-il, les conspirateurs et les » ennemis du trône parmi les 80,000 pétition- » naires qui ont demandé le maintien de la Charte » et de la loi des élections ; mais ce ne sont ni des » conspirateurs ni des ennemis du trône, ceux qui » promenaient dans Nismes le fatal tombereau por- » tant à la voirie les corps des victimes que les as- » sassins venaient froidement d'égorger ; ceux qui » fusillèrent sans jugement six prisonniers français » sous les fenêtres du sous-préfet d'Uzès ; ceux » qui fouettèrent impunément les femmes en place » publique avec des battoirs armés de pointes ; » ceux qui pillèrent et brûlèrent le château de Va- » quairoles ; ceux qui exhumèrent le corps d'une » jeune fille de quinze ans pour le livrer aux plus » infâmes profanations ; ceux qui jetèrent le mal-

» heureux Ladet dans un bûcher, qui dansèrent
» comme des cannibales aux cris déchirans de leur
» victime, à qui ils répondaient par les cris de
» *vive le Roi!* ceux qui massacrèrent le 13ᵉ régiment;
» ceux qui assassinèrent Ramel, Brune, Lagarde...
» non, tous ces gens-là ne sont pas des conspira-
» teurs : ils criaient Vive le Roi ! » Réélu en
1824 comme en 1827 malgré les efforts du ministère, M. Devaux n'a jamais laissé échapper aucune
occasion de plaider la cause de la justice et de
l'humanité.

DIDOT (Firmin),

[Eure-et-Loire], — *centre gauche* (245).

Imprimeur du Roi et de l'institut. Il est connu
par quelques ouvrages qui ont eu peu de succès et
surtout par le luxe qu'il a introduit dans l'art typo-
graphique. Il n'avait fait partie d'aucune législature
avant 1828.

DOLLON (le marquis Lagoupellière),

[Sarthe], — *centre gauche* (251).

C'est un excellent homme, un *bon vivant*, dont
la carrière législative a commencé dans la nouvelle
chambre septennale. Il aime le Roi, la Charte et
les plaisirs.

DOMEZON (le comte de),

[Gers], — *côté droit* (266).

Il est maire de Savignac-Mona. Peu connu de la France avant les élections de 1827, qui l'ont amené à la chambre élective, il ne l'est guère plus depuis qu'il y a pris place.

DOMPIERRE D'HORNOY,

[Somme], — *centre gauche* (141).

C'est le petit neveu de Voltaire. Il a été élu en 1827, en remplacement de ce pauvre M. Cornet-d'Incourt dont la candidature a si complètement échoué dans la Somme. M. Dompierre d'Hornoy n'avait pas encore été député. Il est conseiller d'État honoraire.

DORCEAU DE FONTETTE (le baron),

[Calvados], — *centre droit* (391).

Élu pour la première fois en 1827, il n'a pas encore fait parler de lui.

DORIA (le marquis de),

[Saône-et-Loire], — *centre droit* (270).

Ce Bourguignon a fait partie de la chambre in-trouvable et des différentes législatures qui se sont succédées. Il a voté pour toutes les mesures exceptionnelles. C'est un des absolutistes les plus exaltés de la chambre. M. de Doria est chevalier de Saint-Louis, chevalier de la légion d'honneur, chevalier de Saint-Michel et membre du conseil général du département de Saône-et-Loire.

DUONOUS D'ANDURAND,

[Arriège], — *côté droit* (280).

Un citoyen de ce nom a siégé à l'assemblée nationale en 1789, comme député de la sénéchaussée de Villefranche de Rouergue ; nous ignorons si c'est le père ou le parent de l'honorable législateur. Membre de la chambre servile, M. Dounous n'a point voté pour le triumvirat. Ses opinions monarchiques et son respect religieux pour la Charte le recommandent à l'estime de tous les bons Français. Il est président de la société d'agriculture de son département.

DUÉE (le marquis ÉTIENNE de),

[Saône-et Loire], — *centre gauche* (43).

Doit sa nomination aux électeurs constitutionnels de Charolles. C'est par suite de l'option de M. Humblot-Comté pour Villefranche que cet honorable citoyen a été porté à la législature. Membre de la chambre des représentans, M. le marquis de Drée vota avec les amis éclairés d'une sage liberté. Il ne reparut plus depuis cette époque au palais Bourbon. M. le marquis de Drée est le beau-frère de madame la marquise de Dolomieu, dame d'honneur de madame la duchesse d'Orléans. Ce député a de vastes connaissances en minéralogie, et possède un fort beau cabinet d'histoire naturelle où l'on est facilement admis.

DROUILHET DE SIGALAS (le vicomte ÉTIENNE),

[Lot-et-Garonne], — *côté droit* (408).

C'est l'un de ces honorables membres qui après avoir long-temps voté avec le ministère Villèle, s'en sont tout à coup séparés vers la fin de la session de 1827. On dit que ce député s'appelait autrefois Drouilhet tout court ; mais les gens sont si méchans ! Quoi qu'il en soit, nous croyons pouvoir assurer que M. Drouilhet de Sigalas n'a pas fait un serment de gascon, lorsqu'il a juré de voter désormais pour le maintien de notre Charte et des institutions libérales. S'il allait nous faire mentir !

DUBOURG (le chevalier ARMAND);

[Haute-Garonne] — *côté droit* (112).

Était de la chambre servile : il y a voté, par tendresse pour M. de Villèle, pour tous les projets du triumvirat. Nous devons toutefois lui rendre cette justice, qu'il commençait à se lasser des exigences de l'ex-président du conseil. Libre de sa conscience par la défaite de l'ancien ministère, cet honorable chevalier vote, dit-on, maintenant avec les vrais amis de la monarchie constitutionnelle.

DUCASSE DE HORGUES,

[Hautes-Pyrénées], — *centre droit* (457).

En politique, comme en matière civile, il ne suffit pas de défendre sa réputation sur des mots dont la force combinée doit plutôt réveiller les passions des hommes qu'exciter leur justice ou leur impartialité; il faut encore apporter dans toutes les discussions, dans toutes les affaires importantes une conscience inébranlable qui n'accorde rien au hasard ou à l'intérêt, un jugement prompt qui soumet les élémens les plus simples à l'examen le plus rigoureux ; enfin cette sagacité d'occasion qui, tandis qu'elle paraît inactive, sait utiliser tous les efforts à la cause publique, en dépouillant les préjugés de ses vaines prétentions, et l'audace effrénée de ses rêves tumultueux. Alors on peut mériter à juste titre le nom d'homme d'état, alors on a des droits réels à l'estime et à la reconnaissance des citoyens. Le désir de plaire peut nous égarer ; mais jamais notre conscience ne nous trompera. Il peut même arriver qu'un avis sage et important frappera un coup plus décisif que ces discours de longue haleine, contre lesquels on a toujours le temps de se prémunir. Si des qualités aussi belles, aussi essentielles doivent distinguer les représentans d'un peuple éclairé, nul autre ne les réunit au plus haut dégré que M. Ducasse de Horgues.

Issu d'une illustre famille, originaire de la province de Bigorre, M. Ducasse de Horgues voulut épouser, jeune encore, la querelle qui agitait sur

l'Océan deux peuples rivaux. La gloire brillante
dont les Destaing, les Degrasse, les Suffren, les
Lamothe-Piquet, etc., venaient de couvrir le pa-
villon français, électrisait son âme de feu. Déjà il
avait terminé ses études avec le plus grand succès,
déjà il allait jouir du bonheur qu'appelait son enthousiasme généreux, lorsque les secousses politiques qui agitaient la France changèrent sa position.
Bientôt après il fut contraint, quoiqu'à regret,
d'abandonner une carrière pour laquelle il avait fait
de si nobles sacrifices, afin d'obéir à son père,
chevalier de Saint-Louis et ancien capitaine de
cavalerie. Mais quels ne furent pas les remords
de ce dernier lorsque deux ans après il se vit arra-
cher ce fils de ses bras pour être enrôlé dans une
compagnie franche, organisée à Tarbes. C'est dans
ce corps que M. Ducasse fit les premières campagnes. Rendu à sa famille au bout de quelques
années, M. Ducasse fut détenu, dans les prisons
de Tarbes, sous le règne de la terreur ; la mort
seule de Robespierre lui rendit une liberté dont il
ne fit usage que pour travailler à se rendre utile
dans un département où l'attendaient de nouvelles
fonctions. Il y fut nommé conseiller de préfecture.
La restauration, en comblant ses espérances, lui
permit de vaquer à ses premiers travaux. Les habitans de la province de Bigorre ne crurent pas
pouvoir mieux récompenser son zèle et son acti-
vité qu'en lui confiant leurs intérêts les plus chers.
M. Ducasse fut appelé en 1824 à la chambre des
députés. Chargé en 1825 de défendre l'école royale
de musique, qu'une loi barbare voulait anéantir,
il chercha moins à produire de l'effet qu'à démontrer les avantages d'une pareille institution, et son

discours, remarquable par une énergique concision, eut tout le succès qu'il devait avoir. Le conservatoire fut maintenu. Une telle hardiesse exposa M. Ducasse à quelques sarcasmes, mais il n'en continua pas moins à voter pour toutes les propositions avantageuses, et à repousser toutes lois contraires aux libertés publiques et à la gloire de la monarchie.

DUCHATEL (le comte),

[Charente-Inférieure], — *centre gauche* (47).

Cet honorable député, qu'une de nos biographies a qualifié de villéliste, est l'un des amis les plus sincères et les plus courageux des institutions nationales. C'est pour la première fois depuis la restauration que son nom se trouve sur la liste de nos législateurs.

On doit à M. Duchâtel l'organisation de l'enregistrement et des domaines. De simple receveur d'un canton, il est parvenu à la direction générale de cette administration. Napoléon le nomma conseiller d'État, ensuite comte, grand officier de la légion d'honneur, etc. A la restauration il perdit sa place au grand regret de toutes les personnes qui avaient eu des rapports avec lui. Il a été rétabli depuis peu sur la liste des conseillers d'État honoraires.

DUFFOUR DU BESSAN,

[Gironde], — *côté gauche* (123).

Il a été nommé par le grand collége de la Gironde ; son concurrent était l'ex-garde des sceaux. *Messire* de Peyronnet se console de cet échec à la chambre héréditaire, tandis que les amis des libertés publiques se félicitent du choix des Bordelais. M. Duffour du Bessan justifie pleinement la confiance dont il a été honoré.

Il a siégé dans la chambre des représentans, où il votait avec les amis des libertés publiques.

DUMAISNIEL DE LIERCOURT,

[Somme], — *côté droit* (64).

Cet honorable royaliste a commencé sa carrière législative dans la chambre-Villèle, et a fait partie de la contre-opposition. M. Dumaisniel est un homme de bien dans toute l'expression du mot. Il parle peu, mais il ne vote jamais contre les institutions consacrées par notre Charte.

DU MARHALLACH,

[Finistère], — *centre droit* (103).

Membre de la chambre introuvable et de celles de 1816 et 1817, ce député ne nous avait laissé que de pénibles souvenirs ; mais il a prouvé par ses votes, dans la session de 1828, qu'il était revenu de son ultracisme. Nommé préfet des Ardennes au mois de novembre dernier, il a refusé cette place afin de conserver toute son indépendance. Sous ce rapport, il mérite des éloges et nous nous plaisons à lui en donner.

DUMAS (le général comte MATHIEU),

[Seine, 1er collége], — *côté gauche* (77).

C'est un des vétérans de 89, que recommandent à-la-fois les sentimens les plus généreux, de brillans exploits et de profondes connaissances. Il a contribué, auprès de M. Lafayette, à l'organisation primitive de la garde nationale. Membre de l'assemblée législative, il devint l'un des principaux chefs du club des *Feuillans*. Président de cette assemblée, il s'éleva contre les outrages dont Louis XVI fut l'objet au 20 juin 1792, dénonça Dumourier comme s'étant emparé d'un commandement qui ne lui avait été donné ni par le Roi, ni par le général en chef Luckner, et disparut pendant le règne de la terreur. Député au conseil des Cinq cents en septembre 1795, il s'y prononça pour le parti *Clichien* et fut compris dans la proscription du 18 fructidor. De retour en France après le 18 brumaire, il fit la campagne de Suisse en 1801, et fut nommé conseiller d'État en 1802. Ce fut lui qui présenta le projet de la formation de la légion d'honneur. Nommé général de division et chambellan du roi Joseph, il suivit ce prince à Naples en 1806, et fut son ministre de la guerre et grand maréchal de son palais. Rentré ensuite au service de France, Napoléon lui confia la direction générale de la conscription, puis l'intendance générale de l'armée pendant la campagne de Russie. Il fut fait prisonnier à la bataille de Leipsick. Le Roi le nomma, en 1814, conseiller d'État honoraire et commandeur de Saint-Louis. Pendant les cent jours Napoléon l'appela à la direction générale des gardes nationales de France. Dès la seconde restauration il demeura sans emploi.

La gazette-Villèle avait essayé de détourner le choix des électeurs du 1er collége en calomniant ce respectable citoyen ; mais sa vie politique était trop connue pour n'être point appréciée des Parisiens. Leurs votes en faveur du général Mathieu Dumas, ont fait justice de ces odieuses assertions. Dans une carrière longue et laborieuse, l'honorable membre s'est toujours fait remarquer par un ardent amour du bien public, par une probité au-dessus de tout soupçon. Employé sous des gouvernemens différens, il a su conserver son indépendance et tous les sentimens qui caractérisent l'homme de bien. M. Mathieu Dumas a combattu auprès de Washington ; il a rapporté d'Amérique l'amour et la science de la liberté, enfin après avoir concouru à notre gloire militaire, il en a tracé un savant tableau connu dans toute l'Europe. Il s'est placé au premier rang des annalistes de ce temps de prodiges, et son ouvrage porte l'empreinte du génie qui les avait enfantés. Sa nomination fait le plus grand honneur au département de la Seine. M. le comte Mathieu Dumas est commandeur de l'ordre de Saint—Louis et grand'croix de celui de la légion d'honneur.

DUMEYLET,

[Eure], — coté gauche (64)

C'est un gentilhomme de la trempe des Lafayette, des Lamotte et des Chauvelin ; comme ces honorables députés, M. Dumeylet pense que la véritable noblesse consiste à chérir sa patrie et la liberté. Maire d'Évreux, il fut élu pour la première fois en 1817, et siégea jusqu'à l'expiration de son mandat parmi les défenseurs des institutions nationales. Il parla en faveur de la presse et des journaux, combattit avec une rare éloquence la loi du double vote, et réclama des réductions motivées sur tous les budgets ministériels. Les intrigues du triumvirat jésuitique avaient constamment écarté de la candidature cet honorable citoyen, et ce n'est qu'après la dissolution de la chambre servile qu'il a pu être réélu. M. Dumeylet a rempli les fonctions de secrétaire du bureau pendant la session de 1828.

DUMONCEL (le comte),

[Manche], — centre droit (324).

C'est un des introuvables de 1815. On assure que M. Dumoncel est revenu à des principes plus modérés, et qu'il reconnaît aujourd'hui que l'exécution franche de la Charte peut seule garantir la stabilité du trône légitime et la tranquillité publique. Au reste ce qui prouve en faveur de ce député, c'est qu'il a été élu contre le gré du ministère

Villèle. M. Dumoncel est chevalier de Saint-Louis
et officier de la légion d'honneur. Il est de plus
attaché au corps du génie de la maison du Roi, en
qualité de lieutenant-colonel.

DUPIN aîné,

[Nièvre], — *centre gauche* (369).

Ce nom, depuis la restauration, est devenu populaire comme ceux des Foy, des Benjamin Constant, des Casimir Périer et des Lafitte. M. Dupin,
l'un des avocats les plus distingués de notre époque,
fut envoyé par la Nièvre à la chambre des représentans en 1815 ; jeune encore, il y défendit avec
une rare éloquence les doctrines libérales. Il s'opposa à la motion de Félix Lepelletier, qui tendait
à faire déclarer Napoléon *sauveur de la patrie*.
Lorsque ce prince eut abdiqué, M. Dupin proposa à la chambre de se déclarer *assemblée
nationale*, et d'adopter cette formule de serment
pour les membres du gouvernement provisoire :
« Je jure obéissance aux lois et fidélité à la nation. »
Dès le retour des Bourbons, il se livra tout entier
à sa noble profession : de nombreux ouvrages de
droit, ses plaidoyers dans les procès du maréchal
Ney, du généreux Robert Wilson, de l'abbé de
Pradt, du spirituel Béranger, etc., lui acquirent
bientôt une réputation continentale et l'estime de
tous les vrais Français. Élu à-la-fois en 1827 par
le département de la Sarthe et par deux arrondissemens de celui de la Nièvre, M. Dupin a opté pour
Mamers. Depuis l'ouverture de la nouvelle chambre,
il n'a cessé d'y plaider les intérêts de la patrie, et

de flétrir de sa courageuse indignation toute rémi-
niscence contraire aux libertés publiques.

DUPIN (le baron CHARLES),

[Tarn], — *centre gauche* (40).

Élève de l'école polytechnique, il entra dans le
génie maritime en 1803, et fut appelé tour-à-tour,
par les besoins du service, en Hollande, à Anvers,
en Italie, à Toulon et dans les îles Ioniennes. Partout il se livra avec l'aptitude qu'il a reçue de la
nature, à des travaux scientifiques et littéraires.
A Corfou il traduisit Démosthènes et composa des
*Considérations sur l'éloquence de l'orateur
athénien ;* à Pise, il publia la *Vie du major Vacca,*
son ancien ami, *l'Examen des travaux de César
au siége d'Alexia,* œuvre posthume de ce militaire. En 1815, M. Dupin passa en Angleterre
pour explorer ce pays, et revint ensuite à Paris,
où il fit paraître ses *Mémoires sur la marine et les
ponts et chaussées de France et d'Angleterre,*
qui lui ouvrirent les portes de l'institut, et successivement ses *Voyages dans la grande Bretagne.*
On doit aux efforts de ce savant les progrès qu'ont
faits depuis quelques années les sciences exactes.
La supériorité de ses connaissances et son ardent
patriotisme ont déterminé les électeurs du Tarn à
le choisir pour leur député. Depuis l'ouverture de
la nouvelle chambre, M. Dupin a paru fréquemment à
la tribune, et c'est toujours avec le plus vif intérêt
qu'on a écouté ses discours lumineux. Dans la
séance secrète du 7 mars 1828, après avoir signalé
les iniquités du dernier ministère, l'illustre orateur

conclut à ce qu'on maintînt, dans la réponse au discours du trône, l'expression de *système déplorable*, qui qualifiait si bien les actes de ce ministère. C'est dans cette brillante improvisation qu'il prouva, par des calculs d'une sévère exactitude, que tandis que le trésor public accorde par année 72 francs pour l'amélioration de cent chevaux, il accorde à peine 16 centimes pour l'amélioration de cent Français. M. Charles Dupin a publié un excellent ouvrage sous le titre de *petit producteur :* il est entre les mains de toutes les classes de la société. On peut considérer cet honorable député comme l'homme qui, par ses travaux statistiques, a le plus contribué à donner à la France une chambre constitutionnelle.

DUPLESSIS DE GRÉNÉDAN (le comte Louis),

[Ille-et-Vilaine], — *extrême droite* (21).

Membre du parlement de Rennes à l'époque de la révolution, mis hors la loi pendant la terreur, M. Duplessis de Grénédan trouva le moyen de soustraire sa tête à l'échafaud, et rentra dans sa patrie aussitôt que le calme y fut rétabli. Napoléon le nomma conseiller à la cour impériale de Rennes place qu'il remplissait encore lors du retour des Bourbons. Il est aujourd'hui président de chambre en la même cour. Élu député au mois d'août 1815 par le département d'Ille-et-Vilaine, il soutint à la chambre introuvable les propositisns les plus violentes et les plus ridicules, entre autres celles de rétablir le gibet et de rendre les familles solidairement entachées de la honte du supplice. Il ne fut réélu qu'en 1820. Lors de la discussion de la fameuse loi d'indemnité, il s'éleva contre l'insuffisance de cette mesure ; dans un accès de frénésie, il s'écria d'une voix d'énergumène : « On doit rendre » aux émigrés leurs biens en nature..... *les possesseurs de biens nationaux, fussent-ils parvenus à la quatrième génération, sont des voleurs : je le proclamerai jusque sur les toits si je ne puis plus trouver une tribune pour le dire.* » Depuis cette époque jusqu'à la fin de la dernière session de la chambre servile, M. Duplessis de Grénédan ne donna pas signe de vie. M. de Villèle comptait beaucoup sur lui pour soutenir la loi du sacrilège et la loi d'amour ; mais il s'abstint de prendre part aux débats qui s'élevèrent à ce sujet. C'était si peu de chose pour un homme dont les exigences ne tendaient à rien moins qu'au rétablissement de la roue et au bouleversement de toutes les fortunes ! M. le comte Duplessis de Grénédan est un petit homme, pâle et fluet ; son organe est sourd, et quand il est à la tribune on l'entend difficilement des extrémités de la salle.

DUPONT (Jacques Charles),

[Eure], — *extrême gauche* (172).

Est né au Neubourg, département de l'Eure, le 27 février 1767, et fut reçu avocat au parlement de Normandie en 1789. Il embrassa avec chaleur les principes de la révolution, et remplit diverses fonctions publiques avec autant de sagesse que d'impartialité. Appelé au conseil des Cinq cents, il

y défendit avec énergie la république chancelante.
Sous le régime impérial, M. Dupont devint successivement président de la cour de justice criminelle de l'Eure, président de la cour de Rouen et
membre du corps législatif. En 1814, il était vice-
président de la chambre des députés : en 1815, il
fut maintenu dans cet honorable poste par la chambre des représentans. Réélu en 1817, il n'a cessé
de siéger jusqu'à ce jour parmi les amis des libertés
publiques dont il est lui-même un des principaux
organes. Ses vertus lui ayant attiré l'animadversion
des ministres, cet homme de bien se vit priver en
1818 de sa place de président de chambre à la
cour royale de Rouen et renvoyer brutalement sans
pension de retraite après vingt-sept années de services administratifs, judiciaires et législatifs ! Ce fut
le baron Pasquier, alors garde-des-sceaux, qui
viola aussi évidemment l'inamovibilité judiciaire
consacrée par la Charte, et ce même baron Pasquier se montre aujourd'hui à la chambre des pairs
partisan des idées libérales ! De telles injustices rendirent M. Dupont encore plus cher à la France,
et dans un seul jour, malgré les efforts d'un ministère abhorré, il a été nommé député par cinq colléges électoraux. M. Dupont de l'Eure a opté pour
l'arrondissement de Bernay.

DUPONT DE L'ÉTANG (le comte PIERRE),

[Charente], — *centre droit* (459).

Est né à Chabannais en 1765. Il entra fort jeune
au service et suivit avec honneur la carrière des
armes jusqu'à sa capitulation de Baylen, capitula-

tion que Napoléon a suffisamment qualifiée par ces paroles : « *Je voudrais effacer cette honte de tout* » *mon sang.* » Le général Dupont était détenu sous la prévention de trahison lorsque les Bourbons reparurent en France. Rendu à la liberté et nommé ministre de la guerre, il ne donna pas dans ce nouveau poste des preuves d'un grand talent. Ce fut sous lui que l'arriéré et la confusion s'introduisirent dans toutes les branches du service. Remplacé par le maréchal Soult, le général Dupont obtint pour retraite le commandement de la 22ᵉ division militaire. Il a fait partie de toutes les législatures qui se sont succédées depuis 1815, et s'y est constamment montré contraire aux intérêts populaires. C'est un homme petit, maigre, au teint olivâtre, à l'œil vif et perçant, portant une queue et les cheveux poudrés. M. le comte Dupont a fait beaucoup de vers qui n'ont pas eu le moindre succès. Nous connaissons de lui deux prétendus poèmes, l'un publié en 1799 sur *la liberté*, l'autre qni parut en 1801 sous le titre de *Cathelaina*, ou *les amis rivaux*. Il est grand'croix des ordres royaux de Saint-Louis et de la légion d'honneur.

DUQUESNOY,

[Pas-de-Calais], — *côté droit* (210).

Un citoyen de ce nom et dn même département a siégé à l'assemblée législative et à la convention ; on le qualifiait de cultivateur et d'*ex-moine*. Le Duquesnoy de la nouvelle chambre ne serait-il autre que celui dont nous venons de parler ? C'est ce que nous ignorons. Tout ce que nous pouvons affirmer, c'est qu'il a été nommé en 1827, en remplacement du villéliste Duhais de Villerval, et que depuis son entrée au palais Bourbon, il ne s'est approché de la tribune que pour déposer une boulette incertaine dans l'urne du scrutin.

DURAND,

[Moselle], — *centre gauche* (140).

C'est un ancien conservateur des eaux et forêts en retraite. Il a siégé dans la chambre servile, où il votait avec les royalistes de la droite, contre les projets désastreux du triumvirat.

DURAND (François),

[**Pyrénées-Orientales**], — *centre gauche* (447).

Il passait pour ministériel dans la chambre Villèle. Cependant nous croyons pouvoir affirmer qu'il n'a voté pour aucune loi contraire aux intérêts nationaux. M. François Durand a fait partie de toutes les législatures qui se sont succédées depuis 1816.

DURAND D'ELECOURT,

[Nord], — *côté droit* (213).

Il doit à ses votes en faveur du système déplorable, sa place de conseiller à la cour royale de Douai, et les emplois qu'occupent ses frères, ses beaux-frères et ses cousins. C'est dans la chambre

Villèle qu'il a obtenu tout cela. Si M. de Peyronnet eût conservé les sceaux, M. Durand d'Elecourt serait pour le moins aujourd'hui président d'une cour royale. Quelle perte pour lui que celle du chantre de *l'indifférence!* Dans les nouvelles listes électorales du département du Nord, le cens payé par cet honorable est réduit à 824 francs 83 centimes.

DURIS-DUFRESNE,

[Indre], — *extrême gauche* (226).

C'est un ancien membre du corps législatif, que son amour pour nos institutions recommande à l'estime de tous les vrais Français. Il n'avait fait partie d'aucune législature depuis la restauration, et c'est avec un véritable plaisir qu'on vit enfin, en 1827, son nom sortir de l'urne électorale de la Châtre.

DUSSOL DE SARROZAC,

[Lot], — *centre droit* (513).

Il a commencé sa carrière législative en 1820. C'est à tort qu'on l'a désigné comme villéliste. M. Dussol est ami de notre Charte, et il en a plus d'une fois donné des preuves, tant à la tribune que dans les bureaux de la chambre où il est souvent employé.

DUTERTRE (le vicomte),

[Pas-de-Calais], — *côté droit* (67).

. Il était colonel du 32e régiment d'infanterie de ligne, et fut fait maréchal de camp à l'époque du sacre. On dit que c'est un excellent militaire, et nous voulons bien le croire ; on dit aussi qu'il est ami de nos institutions, et nous pourrions le croire également si ses votes en faveur du *système déplorable* ne prouvaient le contraire. Du reste le noble vicomte ne fait pas grand bruit à la chambre, à peine peut-on distinguer sa voix parmi celles des honorables qui réclament parfois la clôture. Depuis l'ouverture de la nouvelle chambre septennale, il n'a prononcé qu'une seule phrase intelligible, c'est celle-ci : *La pétition est inconvenante*. Il s'agissait de la demande que M. Sarrat adressait à la chambre, dans l'objet de forcer l'ex-ministre des finances à restituer au trésor 25,446,111 francs, déficit résultant de l'application intégrale au 3 pour 100 des fonds de l'amortissement.

DUVERGIER DE HAURANNE,

[Seine-Inférieure], — *centre gauche* (139).

Ancien négociant de Rouen, juge au tribunal de commerce, administrateur des hospices civils de cette ville, il fut appelé en 1815 à la chambre des députés, y siégea jusqu'en 1818, et remplit, pendant ces trois sessions, les fonctions de questeur. Membre de la commission du budget, il parla en faveur d'un ministère qu'il croyait dans la bonne voie ; mais bientôt, éclairé sur les projets contre-révolutionnaires des gouvernans, il rompit avec eux de la manière la plus loyale et la plus énergique. On assure que son fils, jeune avocat du plus haut mérite, a beaucoup contribué à cette rupture. M. Duvergier de Hauranne n'a point fait partie de la chambre servile, et c'est contre le gré du dernier ministère qu'il a été réélu. Depuis l'ouverture de la nouvelle chambre, cet honorable député a paru plusieurs fois à la tribune : ses discours et son vote justifient l'opinion qu'on avait de son patriotisme.

E.

ENOUF,

[Manche], — *côté gauche* (79).

A siégé pour la première fois en 1828. Il vote avec les amis des libertés publiques, pour le maintien des institutions garanties par la Charte.

ESCAYRAC (le marquis d'),

[Tarn-et-Garonne], — *centre droit* (205).

Il remplace M. le marquis de Gourgues, à qui M. de Villèle a donné la pairie en récompense de ses votes dans la chambre vénale. M. le marquis d'Escayrac aspire, dit-on, comme son prédécesseur, à une place au Luxembourg, et nous ne doutons pas qu'il ne l'obtienne si le ministère actuel se laisse culbuter par les absolutistes. Cet honorable figure parmi les gentilshommes honoraires de la chambre du Roi.

ESCHASSÉRIAUX Jeune,

[Charente-Inférieure], — *centre gauche* (3o3).

Il a siégé à l'assemblée législative, à la convention, au conseil des Cinq cents, au corps législatif, à la chambre des représentans en 1815 et à celle des députés de .1820 à 1824. C'est un de ces hommes dont les principes n'ont jamais varié. Ami des droits du peuple, il n'a cessé de les défendre dans les diverses assemblées où sa probité et ses lumières l'ont souvent appelé. M. Eschassériaux exerce la médecine par amour des sciences et de l'humanité. Les malheureux sont toujours sûrs de trouver en lui un bienfaiteur.

ÉTIENNE,

[Meuse], — *côté gauche* (37).

Né en Lorraine en 1770. Il a été secrétaire du duc de Bassano, censeur des journaux et chef de bureau au ministère de la police, sous le gouvernement impérial. Membre de l'institut en 1811, il en fut exclu en 1813 par le ministre Vaublanc, à cause de son attachement aux libertés publiques. Comme auteur dramatique, il a enrichi la scène d'une foule de pièces qui ont fait courir tout Paris ; comme publiciste, ses articles ont puissamment contribué au succès de la *Minerve* et du *Constitu-tionnel* qui le compte encore parmi ses principaux rédacteurs. M. Étienne fut nommé député en 1820, par le département qui l'a réélu en 1827, et il soutint à la tribune, avec autant d'énergie que de talent, les intérêts de ses concitoyens. Lors de l'expulsion de Manuel, il s'éleva avec force contre cette violence dont nos fastes législatifs n'avaient point encore offert d'exemple. Depuis l'ouverture de la session de 1828, M. Étienne a souvent pris la parole, et plaidé la cause nationale avec le zèle et le courage qu'on lui connaît.

F.

FAURE (Félix),

[Isère], — *centre gauche* (308).

Il ne faut point confondre cet honorable magis-trat avec son homonyme de la *chambre introuva-ble*, lequel, élu pareillement par le département de l'Isère, vota avec la frénétique majorité de cette assemblée. M. Félix Faure était conseiller à la cour royale de Grenoble lorsque l'arrondissement de Vienne le choisit pour son député à la nouvelle chambre septennale ; il vient d'être nommé prési-dent de chambre en la même cour. Jeune encore, il s'est placé au premier rang dans l'opinion cons-titutionnelle. M. Félix Faure sait allier l'indépen-dance à la sagesse, et les lumières au patriotisme.

FAVARD DE LANGLADE (le baron GUILLAUME-JEAN),

[Puy-de-Dôme], — *centre droit* (451).

Est né à Saint-Florent, département du Puy-de-Dôme, le 20 avril 1762. Il était avocat lorsque la révolution éclata. Pendant la terreur, il fut envoyé près le tribunal d'Issoire, en qualité de commissaire national. Membre du conseil des Cinq cents, membre du tribunat, membre du corps législatif, il vota constamment avec les majorités. Conseiller à la cour de cassation en 1800, auditeur au conseil d'État en 1813, il conserva cette dernière place pendant la restauration et la perdit dans les cent jours. Membre de la chambre des représentans, il s'abstint de prendre part aux débats de cette assemblée, et rentra en conséquence au conseil d'État après le retour du Roi. Envoyé à la chambre *introuvable* par le département du Puy-de-Dôme, M. Favard de Langlade y vota avec la majorité parce qu'elle était ministérielle. Depuis cette époque, comme auparavant, son vote a toujours été pour les ministres, et il est probable que l'honorable magistrat ne se montrera pas plus opposé aux nouveaux qu'à leurs prédécesseurs. Déjà, par son rapport sur la révision des listes électorales en 1828, on a pu remarquer sa propension vers le système actuel. M. Favard de Langlade a publié plusieurs livres de droit qui ont quelque succès. Il est aujourd'hui l'un des présidens de la cour de cassation, et conseiller d'État en service ordinaire.

FÉLIGONDE (le chevalier PÉLISSIER de),

[Puy-de-Dôme], — *centre droit* (508).

C'est un honnête royaliste qui n'a, dit-on, jamais demandé aux ministres que le maintien de la Charte et des institutions qu'elle a consacrées. M. le chevalier de Féligonde a siégé dans la chambre introuvable. Il ne fut pas réélu après l'ordonnance du 5 septembre qui en prononça la dissolution ; ce ne fut qu'en 1824 qu'il put obtenir de nouveau les honneurs de la législature. Il votait dans la chambre servile contre le ministère vandale, et c'est à son opposition aux actes de ce ministère qu'il est redevable des suffrages qu'il obtint aux élections de 1827.

FLAUJAC (de),

[Lot], — *côté droit* (161).

L'un des mannequins de M. de Villèle, qui ne sait plus aujourd'hui à quel saint se vouer. Cet honorable est maire d'une petite commune qui porte son nom. Il a fait partie de toutes les législatures depuis la restauration.

FLEURIAU DE BELLEVUE,

[Charente-Inférieure], — *centre droit* (326).

Il est officier de la légion d'honneur et membre correspondant de l'institut. Ce député avait montré quelque penchant à la servitude dans la chambre vénale, et c'est ce qui le fit échouer à l'un des colléges de la Charente inférieure lors des élections de 1827. Il ne doit son retour à la législature qu'à la promesse qu'il fit aux rochellais de voter avec les amis des libertés publiques : la religion qu'il professe, l'indépendance de sa position sociale, tout porte à croire qu'il est maintenant dans la bonne voie. *Amen.*

FLEURI,

[Calvados], — *côté gauche* (82).

C'est un riche propriétaire, connu par sa probité et par son attachement aux institutions nationales. Il remplace M. Bazire qui a obtenu la croix de la légion d'honneur et la place de conseiller à la cour royale de Caen , en votant pour les projets désastreux du triumvirat.

FLEURI (Louis), .

[Orne], — *centre gauche* (186).

Il a paru pour la première fois sur l'horizon politique en 1828. Ce député possède toutes les qualités de son homonyme.

FONTENAY (de),

[Saône-et-Loire], — *centre droit* (264).

C'est un homme d'honneur, tout-à-fait pacifique, qui, par bonhomie plutôt que par malice, a voté

pour les projets anti-nationaux du triumvirat ministériel. M. de Fontenay est maire de Saumant et
membre du conseil général de Saône-et-Loire ;
ajoutons qu'il est chevalier de l'ordre royal et militaire de Saint-Louis.

FONTAINE-GALET (Louis),

[Pas-de-Calais], — *côté gauche* (434).

Il fut nommé député en 1821, et vota avec les
amis des libertés jusqu'à l'expiration de son mandat.
M. Fontaine n'a point fait partie de la chambre
servile. Il avait pour concurrent aux dernières
élections M. Caron de Fourmentelle, procureur
du Roi, qui, malgré tous les efforts des obscuran-
tistes de Boulogne, n'a pu réunir que cent vingt-
quatre voix. M. Fontaine-Galet est président du
tribunal de commerce de Boulogne et l'un des plus
riches et des plus estimables négocians du Pas-de-
Calais.

· FORMONT (de),

[Loire-Inférieure], — *côté droit* (59).

On lui supposait quelque amour pour nos institutions, et c'est ce qui le fit nommer député en
remplacement de M. le comte de Juigné, dont la
complaisance pour M. de Villèle avait été poussée
un peu trop loin dans la chambre déplorable. Les
électeurs qui venaient de l'honorer de leurs suffrages n'ont donc pas dû être peu surpris en le
voyant prendre place parmi les débris du bataillon
des trois cents, et surtout en l'entendant défendre

l'élection de M. Garnier Dufougeray, qui a été solennellement annulée dans la séance du 15 mars 1828, comme entachée de vices odieux. C'est un de ces désappointemens dont se souviendront sans doute les électeurs de la Loire-inférieure, lorsqu'ils seront appelés à nommer de nouveaux députés.

FOURNAS-MOUSSOULENS (le baron de),

[Aude], — *côté droit* (166).

Il était tout-à-fait inconnu avant l'ouverture de la chambre Villèle, où il avait été envoyé par l'influence de l'absolutisme. Ce noble baron se croyant obligé de voter par reconnaissance en faveur des projets ministériels, déposa d'abord quelques boules blanches dans l'urne législative ; mais ayant ensuite réfléchi sur l'importance de son mandat, il pensa que c'étaient les intérêts de ses commettans et non ceux des ministres qu'il devait défendre, et dès-lors M. Fournas-Moussoulens ne vota plus qu'avec les amis de notre Charte. Les électeurs de l'Aude lui ont tenu compte de sa rupture avec le triumvirat en le renvoyant à la nouvelle chambre.

FRANQUEVILLE DE BOURLON ,

[Nord], — *côté droit* (215).

Il remplace dans la députation de ce département le taciturne Bricout de Cantraîne. Absolutiste pour absolutiste, il valait autant renommer celui-ci que d'élire M. Franqueville de Bourlon ; mais il paraît que le département du Nord tient à mettre en lumière tous les inconnus de cette terre classique de l'obscurantisme. Potteau, Cotteau, Beaugrenier, Barrois, Bully, Bricourt, Muissard, Coffin-Spins, Labazèque, telle est l'élite des noms dont le Nord a enrichi la liste des membres des législatures qui se sont succédées depuis la restauration.

FROIDEFOND DE BELLISLE,

[Dordogne], — *centre gauche* (190).

Il a été élu par les amis de la Charte et des libertés publiques. M. Froidefond de Bellisle remplace, dans la députation de la Dordogne, **M.** Durand de Beaurepaire qui a voté pour toutes les lois d'exception du ministère Villèle. Par ordonnance du 12 novembre 1828 le Roi a nommé cet honorable député conseiller-d'État en service extraordinaire, et l'a autorisé à participer aux travaux et aux délibérations du conseil.

FROTTIER DE BAGNEUX (le comte),

[Côtes-du-Nord], — *côté droit* (407).

Il eût été de la majorité de la chambre vénale, comme son prédécesseur M. le comte de Kergariou que M. de Villèle a fait nommer pair. M. Frottier de Bagneux n'avait jamais eu l'honneur de se trouver parmi les représentans de la nation : c'est à l'influence des congrégations et surtout aux services qu'il a rendus à MM. de Villèle, Corbière et Peyronnet qu'il doit sa nomination. Il est préfet de Maine-et-Loire.

FUSSY (le vicomte de),

[Cher], — *centre droit* (519).

Il votait dans la chambre septennale, en faveur de tous les projets ministériels, et l'on assure qu'il n'est pourtant pas ennemi de nos institutions. Comment expliquer une telle conduite? Ce n'est pas difficile : M. le vicomte de Fussy était sous-préfet de Sancerre et de plus ami du maire de Bourges. Il lui fallait une préfecture, et le ministère d'espérance vient de le pourvoir de celle de l'Indre. Espérons qu'affranchi de la verge de l'absolutisme, cet honorable député suivra librement l'impulsion des sentimens qu'on lui suppose.

G.

GALLOT (André),

[Charente-Inférieure], — *côté gauche* (227).

Il a été appelé pour la première fois à la législature en 1827 par les électeurs constitutionnels de la Rochelle.

Un citoyen de ce nom a siégé à l'assemblée nationale où il votait pour les intérêts populaires ; mais nous avons lieu de croire que ce n'est point le même. Le nouveau député est aussi un véritable ami de la liberté.

GAUTIER (Élie),

[Gironde], — *centre droit* (257).

Il a commencé sa carrière législative dans la chambre septennale. Il y vota quelques temps avec le ministère qu'il croyait dans une bonne voie ; mais ayant reconnu son erreur, il rompit tout-à-coup avec lui de la manière la plus énergique. La défection de cet homme de bien entraîna celle d'un grand nombre de députés royalistes qu'un excès d'amour 'et de zèle pour nos princes retenait au char de l'odieux triumvirat ; dès-lors les comtes de Villèle, Peyronnet et Corbière durent considérer leur chute comme prochaine. Nous ne rappèlerons point ici le discours qui mérita tant d'éloges à l'honorable M. Gautier. Les bornes de cet ouvrage ne nous permettent pas non plus d'énumérer tous les services qu'il a rendus au trône et à la cause nationale. Nous nous contenterons d'ajouter que c'est à sa noble conduite qu'il est redevable de sa réélection. La loyauté qui le caractérise, sa profonde érudition et ses vastes connaissances nous font espérer de le voir un jour à la tête d'un ministère. L'opinion publique l'appelle même depuis long-temps à celui du commerce, et c'est en effet le poste qu'il devrait occuper ; mais, quoiqu'on en dise', la congrégation est encore puissante, et quelles que soient l'aptitude et les lumières de M. Gautier, quelques gages qu'on ait de son dévouement à notre royale dynastie, on ne lui pardonne pas de professer une autre religion que celle de l'État. Cependant ce respectable citoyen démontre chaque jour par ses actions qu'un protestant peut faire autant de bien qu'un catholique. A Bordeaux, à Paris, on l'a vu lui et sa digne épouse, visiter la cabane ou la mansarde du pauvre, et laisser partout des témoignages d'une constante sollicitude pour le malheur.

GAZAN (Charles de),

[Eure], — *centre droit* (393).

C'est un ancien conseiller de préfecture qui vote avec les royalistes indépendans. Il n'était connu, avant la chambre Villèle, que du village d'Aviron, où il remplit les fonctions de maire.

GELLIBERT,

[Charente], — *centre gauche* (304).

Il a été élu malgré les efforts du marquis de Guer, préfet de la Charente. Dès le premier tour de scrutin, M. Gellibert réunit 308 suffrages sur 406. Il n'avait encore siégé dans aucune assemblée législative avant 1828. La place qu'il occupe dit assez pour qui est son vote.

GÉRARD (Étienne-Maurice comte),

[Dordogne], — *côté gauche* (36).

« Si j'avais bon nombre de gens comme vous, » je croirais nos pertes réparées, » disait Napoléon au général Gérard, après les désastres de

Leipsick. Ces mots sortis de la bouche du grand homme valent mieux que tout ce que nous pourrions dire en faveur du député de la Dordogne ; aussi nous bornerons - nous à esquisser rapidement la brillante carrière qu'il a parcourue. Le lieutenant – général Gérard est né à Damvilliers, le 4 avril 1775. Volontaire au second bataillon de la Meuse en 1791, il gagna, sous Dumouriez, les épaulettes de lieutenant et de capitaine, devint aide-de-camp de Bernadotte,

Qui depuis... mais alors il était vertueux...

Fit les campagnes du Rhin, d'Italie et d'Allemagne. Colonel de cavalerie, il reçut après la journée d'Austerlitz, où il venait d'être dangereusement blessé, la croix de commandant de la légion d'honneur. Général de brigade pendant la guerre contre la Prusse, chef d'état-major après la paix de Tilsitt, il se signala dans toutes les batailles livrées en Autriche en 1809, notamment à Lintz et à Wagram. Envoyé en Espagne en 1810, sous les ordres du comte d'Erlon, il fit des prodiges de valeur, surtout à la bataille de Fuentès-Onoro, contre les Écossais. Rappelé à la grande armée en 1812, ce brave soutint sa haute réputation à Smolensk, et se surpassa à l'affaire de Valentina, où le général Gudin fut blessé mortellement. L'éloge du comte Gérard se trouve encore dans ces paroles de Gudin mourant, à l'empereur Napoléon : « Sire, dit-il à ce prince, je vous recom» mande ma femme et mes enfans... J'ai encore » une grâce à vous demander, c'est pour ma brave » division : je vous supplie d'en accorder le com-

» mandement au général Gérard... je mourrai con-
» tent de savoir mes troupes en si bonnes mains. »
Le grand caractère du général Gérard se déploya
entièrement dans la retraite de Moskow; il commandait l'arrière garde du maréchal Davoust, et
chaque jour il avait à soutenir, contre les Russes,
les combats les plus meurtriers. A Kowno, il contribua, par son intrépidité, à sauver 12,000 Français isolés qui auraient été infailliblement écrasés
par les masses de l'armée russe. Quand le prince
Eugène eut pris le commandement général de l'armée, il confia au général Gérard celui de son arrière-garde. Cette périlleuse mission lui fournit de
fréquentes occasions d'acquérir de nouveaux titres
à la gloire. Placé à la tête d'une division du 11e corps
à la reprise des opérations, il attira sur lui tous les
regards de l'armée par un de ces traits qui n'appar-
tiennent qu'à un héros. A la bataille de Bautzen, le
général Gérard parvint à enlever à un ennemi bien
supérieur en nombre toutes les positions qu'il occupait. Dangereusement blessé, quelques jours
après, dans une affaire d'avant-garde, il fut contraint de quitter l'armée. Rétabli de sa blessure à la
rupture de l'amnistie de Plesswitz, le général Gérard reprit le commandement de sa division, battit
les Prussiens à Golsberg, et décida, par cette action, le succès de l'affaire générale. Nommé, par
l'Empereur, commandant du 11e corps, il fut blessé
à Katzbach d'une balle à la cuisse; il le fut encore
à Leipsick. Vers la fin de 1813, il commandait
en chef les réserves de Paris; et il prit une glorieuse part à la mémorable campagne de 1814.
Chaque jour les bulletins de cette campagne an-
nonçaient à la France de nouveaux exploits de la

part du général Gérard. Une de ses actions les plus
éclatantes fut celle de Montereau où il enleva toutes
les positions de l'ennemi et lui fit 5,000 prisonniers.
Au 20 mars 1815, le comte Gérard était inspecteur
général d'infanterie et se trouvait en Alsace. Rappelé
par le ministre de la guerre, il fut nommé, dans les
cent jours, pair de France et commandant de l'armée
de la Moselle. Cette armée s'immortalisa à **Ligny.**
« Le village de Ligny, a dit Napoléon dans ses
» mémoires, fut pris et repris quatre fois ; le général
» Gérard s'y couvrit de gloire et y montra autant
» d'intrépidité que de talent... L'Empereur satisfait
» du comte Gérard lui destinait le bâton de maré-
» chal d'empire. Il le considérait comme une des
» espérances de la France. » Blessé d'une balle qui
lui traversa la poitrine à l'attaque de Bielge, il quitta
l'armée. Depuis la chute de Napoléon, M. le comte
Gérard a épousé la fille du lieutenant-général comte
de Valence, pair de France. Retiré à sa terre de
Villers, département de l'Oise, où il ne s'occupait
que d'agriculture, il fut appelé par les parisiens en
1821 à la chambre des députés où il siégea pendant
trois sessions. Il est inutile de dire comment il répondit à la confiance de ses commettans. Il avait cessé de
figurer parmi nos législateurs lorsqu'à la dissolution
de la chambre vénale il a été réélu à la fois par les
départemens de l'Oise et de la Dordogne. Il a opté
pour ce dernier. Tout en nous félicitant de retrouver
ce grand capitaine parmi les défenseurs de nos libertés, nous ne pouvons nous défendre d'exprimer
un regret ; c'est de ne point voir encore entre ses
mains le bâton de maréchal de France..... mais le
comte de Villèle n'est plus à la tête du ministère :
espérons !

GÉRIN,

[Loire], — centre droit (321).

Il remplace M. Méandre que le ministère Villèle avait arraché à l'obscurité de la vie privée pour en faire un de ces automates qui l'ont si bien servi dans la première chambre septennale. M. Guérin n'était pas plus connu que son prédécesseur avant les dernières élections. Cet honorable député avait été d'abord ajourné parce qu'il ne résultait pas de ses pièces qu'il payât le cens voulu par la loi; mais enfin son admission a été prononcée, bien qu'on eût reconnu qu'il manquait 7 francs à sa cote pour lui donner droit à l'éligibilité. Le pauvre homme! avait-il peur d'être renvoyé à Saint-Étienne !

GESTAS (le comte de),

[Basses-Pyrénées], — centre droit (58).

L'un des introuvables de 1815 et du bataillon des trois cents de la chambre vénale. On assure qu'il est dévoué aux Bourbons; nous voulons bien le croire ; mais alors pourquoi a-t-il voté en faveur de toutes les mesures contraires à l'esprit de la Charte qui est leur ouvrage et que ces bons princes ont promis de maintenir? C'est que..... c'est que l'honnête comte de Gestas tenait à conserver la place de conservateur des eaux et forêts.

GIROD (Amédée),

[Indre-et-Loire], — *côté gauche* (34).

C'est le digne fils de M. Girod de l'Ain qui a donné à la France tant de gages de son patriotisme et figuré si glorieusement dans nos assemblées nationales. M. Amédée Girod est né à Gex, le 18 octobre 1781. Avocat à 17 ans, il exerça cette noble profession jusqu'en 1806. Substitut du procureur impérial à Turin vers la fin de la même année, procureur impérial à Alexandrie en 1807, substitut du procureur général à la cour d'appel de Lyon en 1809, auditeur au conseil d'État en 1810, avocat général à la cour impériale de Paris en 1811, président du tribunal de première instance pendant les cent jours, il remplit ces diverses fonctions avec sagesse et impartialité. Nommé par l'arrondissement de Gex membre de la chambre des représentans, il vota avec les vrais amis de la liberté et fut l'un des signataires de la protestation déposée chez le comte Lanjuinais. Suspendu de ses fonctions d'avocat général à la seconde restauration, et destitué bientôt après, il rentra dans la vie privée où il fut assez heureux pour procurer un asile à ce vertueux général Drouot que persécutaient des hommes sans gloire et sans humanité. M. Girod de l'Ain ne se borna point à cette généreuse action. Lorsque le brave Drouot quitta son asile pour se livrer à ses ennemis, son hôte présenta au conseil de guerre qui devait prononcer sur le sort de l'illustre accusé des observations que le procureur général Bellard dénonça au conseil de discipline des avocats. En 1819, M. Girod de l'Ain rentra dans la magistrature comme conseiller à la cour royale de Paris. Depuis cette époque il n'a cessé de donner des preuves de son attachement à nos institutions et de l'intérêt qu'il porte à la chose publique. C'est avec une bien vive satisfaction que la France l'a vu prendre place parmi ses députés. Celui-là ne prostituera jamais la toge de magistrat.

GOUVES DE NUNCQUES (de),

[Pas-de-Calais], — *centre gauche* (503).

Il était peu connu avant les dernières élections et n'a pas fait grand bruit à la chambre pendant la session de 1828.

M. de Gouves de Nuncques est conseiller à la cour royale de Douai, et jouit de la vénération publique qu'il s'est acquise par son équité et son attachement à nos institutions.

GRAMMONT (le marquis de),

[Haute-Saône], — *côté gauche* (229).

C'est le beau-frère du général Lafayette et l'un des plus riches propriétaires de la Haute-Saône. Ce député n'a de féodal que son nom. Membre de la chambre introuvable, il y vota constamment avec la minorité libérale. Réélu en 1816 et en 1820, M. le marquis de Grammont demeura jusqu'en 1825 uni de cœur et de principes aux députés du côté gauche. Invariable dans ses opinions, il a repris la place qu'il avait été forcé de quitter par suite des manœuvres jésuitiques du ministère Villèle, et son vote prouve qu'il est toujours un dés plus solides soutiens de la cause nationale. Ajoutons que M. de Grammont est l'ami des pauvres et que des milliers de familles doivent leur existence à ses bienfaits.

GRAVIER,

[Basses-Alpes], — *centre gauche* (504).

Depuis 1815, d'introuvable mémoire, cet honorable ne s'était retrouvé dans aucune de nos assemblées législatives. Pour donner une idée des principes politiques et du patriotisme de M. Gravier, nous nous bornerons à reproduire ici quelques mots du rapport qu'il fit à cette déplorable époque sur les lettres de naturalisation accordées au lieutenant-général Loverdo : « *Il aida*, dit-il, *à con-* » *sommer la défaite d'un parti* ABHORRÉ et contre » lequel s'élevait une haine d'opposition vraiment » NATIONALE qui *décida de la journée de Water-* » *loo*, et LIVRA *aux étrangers* le chemin ouvert jusqu'à la capitale. » On assure toutefois que cet honnête provençal est aujourd'hui moins exalté et qu'il ne vote plus, comme alors, en faveur de mesures opposées aux intérêts nationaux ; s'il en est ainsi, M. de Villèle, qui l'a présenté pour candidat aux dernières élections, aurait encore fait un mécompte.

GUÉHENEUC (le comte FRANÇOIS-SCHOLASTIQUE de),

[Marne], — *côté gauche* (373).

Il est né à Valenciennes le 4 juin 1759, et était valet de chambre du Roi lorsque la révolution éclata. Il demeura étranger aux événemens de cette époque, et devint, sous le consulat, administrateur des eaux et forêts, puis sénateur, dignité dont il jouissait encore en 1814. Il ne fut point compris au nombre des pairs nommés à la restauration. Dans les cent jours, Napoléon lui confia la direction des eaux et forêts ; mais, au retour des Bourbons, il fut privé de cet emploi. Depuis lors, il a vécu dans la retraite jusqu'au moment où les suffrages des électeurs de la Marne l'ont rappelé à la législature. Nous devons ajouter que M. le comte de Guéheneuc est le père de la veuve du maréchal Lannes et du brave baron de Guéheneuc, l'un de nos plus anciens maréchaux-de-camp.

GUERNISSAC,

[Finistère], — *côté droit* (218).

Inconnu avant les dernières élections, son nom n'a encore été prononcé à la chambre que dans l'appel nominal. Tout ce que nous pouvons dire sur cet honorable, c'est qu'il a été nommé contre le gré du ministère Villèle, et qu'il remplace le noble vicomte de Cheffontaine dont la condescendance pour le triumvirat déchu était sans bornes.

GUILHEM (J.-P. Olivier),

[Maine-et-Loire]. — *côté gauche.*

Né à Brest en 1765, il a été président du tribunal de cette ville et membre de la chambre des représentans en 1815. Nommé député en 1818, il vota pour le rappel des bannis, contre les deux lois d'exception de 1820 et proposa un nouveau Code en faveur des marins. Il ne fut point réélu à l'expiration de son mandat ; ce n'est qu'après la dissolution de la chambre vénale que M. Guilhem a pu reprendre la place qu'il occupait parmi les défenseurs de nos libertés. « M. Guilhem, a dit un écrivain constitutionnel, a pour *parchemins,* des chartes-parties et des connaissances ; pour *armoiries,* les ancres de ses bâtimens ; pour *châteaux,* de grands et spacieux magasins ; pour *vassaux,* les actifs ouvriers, les laborieuses familles dont il alimente les travaux. »

H.

HAAS,

[Morbihan], — *centre droit* (197).

Est, dit-on, le fils d'un boucher. Il siégeait dans la chambre servile ; ses boulettes, toujours favorables aux projets ministériels, lui ont valu de nombreux dîners chez MM. Corbière et Villèle, une recette particulière, et la croix de la

légion-d'honneur. Il vote maintenant avec les libéraux. *O tempora! O mores!*

HALGAN (le baron),

[Morbihan], *centre droit* (516).

Cet honorable est bien contre-amiral, il est bien
directeur du personnel au ministère de la marine,
commandeur des ordres de Saint-Louis et de la légion d'honneur, car l'almanach royal nous l'affirme.
Quant aux exploits qui lui ont mérité ces dignités,
nous n'en avons trouvé aucune trace, ni dans nos
fastes militaires, ni dans nos biographies. Tout ce
que nous avons pu savoir sur lui, c'est que sa
carrière législative a commencé en l'an de grace
1819 ; qu'il a voté constamment depuis cette
époque contre les libertés publiques et pour le
budjet de la marine.

HARCOUET DE SAINT-GEORGES (le comte),

[Morbihan], — *extrême droite* (221).

Inconnu avant les dernières élections, il n'a encore parlé ni fait parler de lui. Il remplace M. le
marquis Duplessis de Grénédan : la chambre n'a
perdu ni gagné au change ; l'un vaut l'autre.

HARCOURT (le comte Eugène),

[Seine-et-Marne], — *centre gauche* (145).

Membre de la société phillélénique, a fait, il y a
deux ans, un voyage en Grèce, afin de juger par

lui—même des besoins des malheureux hellènes et d'aviser aux moyens les plus prompts pour faire triompher leur noble cause. La France n'a pas d'ami plus sincère de ses libertés et des institutions qui la régissent. M. le vicomte d'Harcourt est gentilhomme honoraire de la chambre du Roi.

HARLÉ,

[Pas-de-Calais], — *centre gauche* (502).

Il a siégé à la chambre élective depuis 1816 jusqu'en 1824, après avoir figuré dans celle des représentans. Ami des libertés publiques, il n'a cessé de les défendre. Tous les bons Français ont applaudi à sa réélection. M. Harlé a rempli les fonctions de receveur général dans le département du Pas-de-Calais. C'est un homme de soixante-dix ans.

HARMAND D'ABANCOURT (le vicomte),

[Ardennes], — *centre droit* (511).

Fils du conventionnel de ce nom, a été employé sous la république, sous le consulat et sous l'empire. C'est l'un des plus ardens apologistes du système déplorable et des plus rudes interrupteurs de la chambre. Il est parvenu à perfectionner les *oh! oh!* les *ah! ah!* et les cris *à l'ordre! la clôture!* Lors de la discussion de la loi d'indemnité, cet honnête député prononça un discours qui commençait par ces mots : « Messieurs, » on paraît craindre de mettre la fortune publique

» à la merci d'un ministre ; je ne puis être frappé
« de semblables craintes.... » Et le noble vicomte
achevant son éloquente péroraison , s'écria au
milieu des éclats de rire de l'honorable assemblée :
« Les flots de l'opposition viendront se briser au
» pied du rocher ministériel ! » Cette prédiction
pourrait s'accomplir si nous avions des ministres
dévoués aux intérêts nationaux. Patience !

HAUSSEZ (le baron d'),

[Landes], — *centre droit* (148).

Né en 1778, à Neufchâtel, ville de la Normandie, fut accusé en 1799 d'avoir travaillé à
l'organisation d'une armée royale dans le département de la Seine-Inférieure. Arrêté en 1804
comme complice dans l'affaire de Georges-Cadoudal, il fut incarcéré, puis élargi et placé sous
la surveillance de la police. Un changement ap-
parent dans ses principes le fit nommer baron de
l'empire et maire de Neufchâtel le 2 janvier 1814.
Au mois d'avril suivant, il fut un des premiers
à arborer le drapeau blanc. Nommé député en
1815 par le département de la Seine-inférieure, il
vota avec la minorité ministérielle de la chambre
introuvable. Depuis cette époque il ne fut plus
réélu. M. le baron d'Haussez a été nommé successivement aux préfectures du Gard , des Landes
et de la Gironde. La conduite presque libérale qu'il
avait tenue parmi les ultras de la chambre de 1815 faisait présumer qu'il partagerait les principes des députés de la gauche ; mais la séance du 9 avril 1828 a suffi
pour nous donner la mesure de ceux qu'il a apportés

dans la nouvelle chambre. Il a qualifié de *libelle* là pétition des électeurs de Dieppe qui réclamaient contre les vices dont les élections de leur arrondissement avaient été entachées, et s'est efforcé de justifier le préfet de la Seine-Inférieure en le présentant comme un magistrat dont la longue administration n'aurait laissé que des souvenirs de talent et de loyauté. S'il en était ainsi, M. de Vaussay n'eût point été compris dans la promenade que l'ordonnance du 3 mai a fait faire aux préfets de certains départemens.

HELI D'OISSEL (le baron de),

[Seine-Inférieure], — *centre gauche* (137).

Il n'avait fait partie d'aucune législature avant la session de 1828. Cet honorable membre aime la Charte et déteste les jésuites ; c'est donc une excellente acquisition pour la nouvelle chambre. Il vient d'être nommé conseiller d'Etat en service extraordinaire.

HENNESSY,

[Charente], — *centre gauche* (448).

C'est un riche négociant qu'on a injustement classé parmi les ministériels de la chambre Villèle. M. Hennessy veut le maintien de nos institutions, et jamais son vote n'a pu être pour ceux qui ne visaient qu'à les détruire.

HIGONET (le général),

[Cantal], — côté droit (276).

C'est encore une des erreurs de Villèle. Ce brave a servi dans les armées de l'empire ; il était colonel de la légion du Cantal qui, par son incorporation à celle de la Vendée, forma le 9e régiment de ligne. C'est dans la dernière guerre d'Espagne qu'il a gagné son grade de maréchal de camp. Le ministère vandale comptait l'enrôler sous ses bannières : le général a répondu à d'aussi criminelles espérances en protestant de son amour pour nos institutions. Dans la séance du 12 avril 1828, il a plaidé la cause des officiers à demi-solde, et s'est élevé contre la modicité des pensions militaires de retraite. Il a cité, à ce propos, un maréchal de camp qui, après vingt-sept ans de services, n'a reçu qu'une pension de 2,000 francs, tandis que celle d'un maître des comptes, ayant deux ans de fonctions de moins, s'est élevée à 4,800 francs. Le général Higonet, commande, dans ce moment, une brigade de l'armée de Morée : c'est un des plus beaux hommes de France.

HIS,

[Orne], — centre gauche (195).

Cet avocat du barreau d'Alençon doit sa nomination à ses talens et à son patriotisme. Élu en 1827 pour la première fois, il n'a paru encore à la tribune que pour faire un rapport sur l'élection de M. Drouilhet de Sigalas, et pour présenter quelques observations sur le projet de la nouvelle loi des élections.

HOCQUART ,

[Haute-Garonne] — centre droit (262).

Il est premier président de la cour royale de Toulouse depuis la seconde restauration. Sa carrière législative a commencé en 1820. M. Hocquart siégeait dans la chambre septennale, et y votait quelques fois avec le ministère vandale. C'est en remplacement de M. de Villèle, passé à la chambre des pairs, qu'il a été réélu. M. Hocquart est généralement estimé tant par sa sévère équité que par la modération de ses opinions politiques.

HUMAN,

[Aveyron], — côté gauche (292).

C'est un ancien négociant qui a fait partie de la courageuse minorité de 1819. Il a été réélu par les constitutionnels de l'arrondissement de Villefranche en remplacement de M. Dubruel, mort pendant la session de 1828.

HUMBLOT-CONTÉ,

[Rhône], — centre gauche (85).

Riche manufacturier que les votes des libéraux ont porté pour la seconde fois depuis 1820 à la chambre des députés. Il est possesseur de l'abbaye de la Ferté,

près Tournas, et c'est à ses soins que nous devons
ces crayons qui rivalisent avec ceux de l'Angleterre. Elu en même temps dans les départemens du
Rhône et de Saône-et-Loire, il a opté pour Villefranche. M. Humblot-Conté unit au patriotisme
le plus pur une éloquence peu commune, et ne
laisse jamais échapper l'occasion de défendre les
droits des citoyens.

HYDE DE NEUVILLE (Paul comte de),

[Nièvre], — (18).

Ministre de la marine et des colonies, est né à
la Charité-sur-Loire, d'une famille qui avait établi
dans cette ville une manufacture de boutons. Son
père lui laissa une grande fortune. En 1797,
M. Hyde de Neuville se lança avec audace dans
l'arène politique; il embrassa le parti *Clichien*, et,
par l'intermédiaire de son beau-frère Delarue, qui
siégeait au conseil des Cinq cents, se lia avec les
chefs des partisans de la famille royale. Delarue fut
arrêté et déporté à la Guyane après le 18 fructidor;
mais il eut le bonheur de se sauver et de rejoindre
son beau-frère en Angleterre, où ce dernier faisait de fréquens voyages. Vers la fin de 1799,
M. Hyde de Neuville établit des relations intimes
avec Georges-Cadoudal, Dandigné et Bourmont,
chefs des royalistes de l'Ouest. Peu de temps auparavant, il avait eu le courage de proposer au premier Consul de rétablir les Bourbons sur le trône.
La réponse n'ayant pas été satisfaisante, il ne négligea rien pour décider le général Pichegru à se
mettre à la tête du parti royaliste de l'intérieur.

Prévenu que le ministre de la police Fouché avait donné l'ordre de l'arrêter, il s'enfuit en Angleterre, et revint peu de temps après à Lyon où il demeura caché pendant quelques années. Tous ses papiers avaient été saisis et ses lettres publiées, en 1800, sous le titre de *Correspondance anglaise*. M. Hyde de Neuville y était désigné sous le nom de *Paul Berri*, nom qu'il avait pris dans ses voyages. A la fin de 1805, il obtint, grâce aux sollicitations de ses amis, à la persévérance de sa femme et à l'intervention de l'impératrice Joséphine, la permission de se retirer en Espagne. De là, il se rendit en Amérique avec sa famille, et y acheta une habitation dans les environs de New-Yorck, près de celle du général Moreau. Ce fut, dit-on, M. Hyde de Neuville qui détermina ce général à revenir en Europe. Dès qu'il apprit le retour des Bourbons en France, il repassa les mers et arriva à Paris au mois de juillet 1814, où le Roi lui confia diverses missions diplomatiques. Dans les cent jours, il suivit Louis XVIII à Gand et rentra avec ce prince après la bataille de Waterloo. Député de la Nièvre à la chambre introuvable, il prit place à l'extrême droite et se prononça pour les mesures les plus violentes qui y furent présentées. Nommé ministre plénipotentiaire de France près des États-Unis d'Amérique, il se rendit à son poste après avoir reçu en même temps le grand cordon de la légion d'honneur et le titre de comte. De retour en 1822, il fut élu député par la Nièvre à la chambre de 1823, puis nommé ambassadeur en Portugal, poste qu'il occupa peu de temps et qui lui valut, de la part du souverain de ce royaume, le titre de comte de Bemposta. Rappelé en 1824 par la Nièvre à la chambre élective, il y a rendu de grands services à la cause constitutionnelle. La chaleureuse indignation avec laquelle il s'est prononcé contre les mesures vandales d'un ministère justement détesté, a presque effacé la douloureuse impression qu'avait produite sur tous les cœurs généreux son acharnement contre les patriotes, son enthousiasme pour la fatale loi d'amnistie, sa haine contre l'élection directe, etc. Dans ses énergiques improvisations, il a accablé, tour à tour, Villèle, Peyronnet et Corbière, et flétri la conduite anti-nationale de M. de Moustiers en Espagne. M. Hyde de Neuville est un homme de bonne foi, que l'exagération de ses doctrines monarchiques a pu seule entraîner au-delà des bornes, et c'est avec une sorte de satisfaction qu'on a vu ce vrai royaliste, à qui le triumvirat avait enlevé jusqu'à sa pension de retraite, porté au ministère de la marine.

J.

JACQUEMINOT (le colonel),

[Vosges], — *côté gauche* (234).

L'un des officiers les plus braves et les plus distingués de notre vieille armée. Après avoir défendu la cause nationale sur les champs de bataille, il la défend à la nouvelle chambre par son vote et par son éloquence. M. Jacqueminot possède de riches manufactures à Bar-le-Duc. C'est en 1828 qu'a commencé sa carrière législative.

JACQUINOT-PAMPELUNE (Claude-Joseph-Français-Catherine),

[Yonne], — *centre droit* (450).

Il est né à Dijon en 1771. Avocat à l'époque de la révolution, il en adopta les principes avec chaleur. Son ami Maret, depuis duc de Bassano, le fit nommer successivement avocat-général à Dijon et procureur-général à Lahaye, puis à Amsterdam. Il était alors si dévoué à Napoléon, qu'on lui a souvent entendu dire : « L'Empereur est notre seul » espoir ; nous devons tous mourir pour lui. » Dans les *cent jours* il figura au champ de mai, et fut, dit-on, porté à la présidence de la cour royale de Colmar. Au retour des Bourbons, il afficha beaucoup d'amour pour ces princes, et fut reconnu maître des requêtes et procureur du Roi près le tribunal de la Seine. Envoyé à la chambre des députés de 1816, il a constamment été réélu, et son vote n'a jamais cessé d'être pour les ministres. Ce dévouement lui a valu la croix d'officier de la légion d'honneur, la place de conseiller d'État et enfin celle de procureur-général près la cour Royale de Paris. Une ordonnance du Roi lui a permis d'ajouter à son nom celui de sa femme, fille du comte Genouilly de Pampelune, ancien écuyer de la reine Marie-Antoinette. On assure que M. Jacquinot possède toutes les vertus privées, et que son optimisme ministériel ne provient que d'un désir excessif d'avancement.

JANKOWITZ DE JESZENIÈZE (le baron),

[Meurthe], — *centre droit* (462).

Descend d'une de ces familles polonaises qui vinrent s'établir à Nanci en même temps que le Roi Stanislas. Il siégea dans la chambre introuvable et y vota avec la majorité. Réélu en 1824, il a professé, dans la chambre-Villèle, des opinions plus modérées et plus constitutionnelles. M. Jankowitz s'y est rendu célèbre par une proposition qui excita une grande rumeur parmi les ministériels ; cette proposition, que M. Boucher reproduisit vainement dans les sessions suivantes, n'a pu être adoptée que par la chambre nouvelle ; elle consistait à soumettre à une réélection tout député qui accepterait des fonctions amovibles.

JARS,

[Rhône], — *centre gauche* (86).

Il était adjoint du maire de Lyon en 1815. C'est lui qui présenta les clefs de cette ville à Napoléon lors de son retour de l'Ile d'Elbe. La fermeté qu'il déploya au 15 juillet contribua puissamment à préserver la seconde cité du royaume des troubles dont elle était menacée à cette époque d'effervescence et d'irritation. M. Jars aurait été nommé député en 1823 sans la précaution qu'on eut de placer aux portes de Lyon, des gendarmes chargés de refuser l'entrée de cette ville à tous les électeurs qui avaient oublié de se munir de passe-ports. Depuis l'ouverture de la nouvelle chambre septennale, où il a été envoyé par les électeurs du premier arrondissement de Lyon, cet honorable membre a paru plusieurs fois à la tribune. Dans la séance du 5 avril 1828, il s'est élevé fortement contre les manœuvres de l'ancienne administration. Voici un passage du discours qu'il a prononcé à ce sujet :

« Partout les fonctionnaires étaient disposés
» en corps de réserve pour porter secours aux
» élections incertaines ; partout ils retrouvaient
» cette main déshonorante qui pesait sur toutes les
» consciences, cette main qui, dans des circulaires
» immorales et désastreuses, qu'on ne peut trop
» rappeler ici parce qu'on ne peut trop les flétrir,
» s'essayait à transporter au gouvernement repré-
» sentatif les maximes du gouvernement le plus
» absolu, qui proclamait ainsi, sans pudeur, comme
» une première, comme une inévitable condition
« de notre ordre social, la dépendance, je dois
» dire l'avilissement des fonctionnaires... (*rumeurs*
» *au centre*.) Messieurs, lorsque dans l'Orient les
» pachas n'obéissent pas ou obéissent mal au gré
» du visir, vous savez dans quelle forme le visir
» expédie leur destitution!... cette forme est la
» seule différence qui demeure entre les circulaires
» turques et les circulaires françaises de 1824. »
Ajoutons que M. Jars est un ancien officier, qui a versé son sang pour la patrie, et pris une glorieuse part aux victoires qui ont illustré notre vieille armée.

JOBERT-LUCAS,

[Marne], — *centre gauche* (371).

Ce riche manufacturier de Reims fut envoyé avec M. Royer-Collard à la chambre de 1821, où il donna des gages de son attachement à nos institutions. M. Jobert-Lucas n'a pas de grands moyens oratoires, mais il est inébranlable dans ses opinions, qui toutes sont favorables aux intérêts nationaux.

JOUVENCEL (le chevalier de),

[Seine-et-Oise], — *centre gauche* (253).

Maire de Versailles, il donna sa démission pour conserver son indépendance : député en 1821, il siégea au centre gauche, et vota avec les amis de la liberté et des institutions nationales. M. de Jouvencel a donné, lors des dernières élections, une nouvelle preuve de son patriotisme. Porté par plusieurs électeurs des colléges d'arrondissement de Seine-et-Oise, il renonça à la candidature pour faciliter la nomination de M. Bertin de Vaux. Le collége départemental a récompensé le dévouement de M. de Jouvencel en l'honorant de ses suffrages. Il a repris la place qu'il occupait, et son vote est toujours pour le maintien de nos droits.

K.

KERATRY (Augustin-Hilarion),

[Vendée], — *coté gauche* (486).

Né à Rennes, le 28 octobre 1769, est issu d'une famille noble. Son père a présidé la noblesse aux États de Bretagne. M. Kératry a fait ses études à Quimper et à Rennes. C'est en 1818 que cet illustre citoyen commença sa carrière législative. Dès son début, M. Kératry se montra doctrinaire, et inclina vers le centre ; mais bientôt il abandonna sa place et passa au côté gauche. Dans la session de 1820 il s'éleva contre la loi du double vote, et s'adressant aux ministres : « Qu'est devenue cette » Charte qui vous fut confiée? leur dit-il... Je vous » demande la sûreté de ma personne : elle ne peut » plus me la garantir... Je ne la reconnais plus cette » Charte ; vous l'avez travestie, vous pouvez la » reprendre. » Ses travaux législatifs et ses efforts en faveur de nos libertés, sont trop connus pour qu'il soit nécessaire de les retracer ici. Qui ne se rappelle l'énergie avec laquelle il se prononça contre les outrages dont quelques députés furent l'objet dans la journée du 3 juin 1820, sa noble conduite dans l'affaire du *Courrier français*, au mois de mars 1827 ? Comme littérateur, ses ouvrages l'ont placé au premier rang de ceux dont s'honore la France. On a dit de lui qu'il était le Charles XII de l'idéologie, et l'Alexandre de la métaphysique. Parmi ses écrits on distingue ses *inductions morales*

et physiques, son voyage de vingt-quatre heures,
mon habit mordoré, Ruth et Noémi, les derniers
momens des Beaumanoirs, la France telle qu'on
l'a faite, etc. M. Kératry n'a point fait partie de
la chambre servile. Réélu en même temps par
les départemens du Finistère et de la Vendée, il a
opté pour ce dernier. Dans la séance du 14 février
1828 il a eu l'honneur d'être rappelé à l'ordre par les
débris du bataillon Villèle, à l'occasion du discours
qu'il prononça contre l'élection de M. Laval.

KERJEGU (Monjarret de),

[Côtes-du-Nord], — *côté droit* (167).

Maire de Moncontour, où il est, dit-on, marchand
de toiles, cet honorable a gagné la décoration de
la légion d'honneur en votant pour le ministère
vandale.

KEROUVRIOU (de),

[Finistère], — *côté droit* (219).

Excellent royaliste dont la carrière législative a
commencé en 1828. M. de Kerouvriou est adjoint
à la mairie de Morlaix; il a été réélu à l'unanimité
moins une voix dans un département éminemment
constitutionnel. Cette particularité donne la plus
haute idée des principes de l'honorable membre.
Ajoutons que M. de Kerouvriou est un littérateur
distingué.

L.

LABAZÈQUE (le comte de),

[Nord], — *côté droit* (342).

Ce ministériel de la chambre vénale n'assistait aux séances que lorsqu'il s'agissait de voter quelque mesure exceptionnelle. Réélu en 1827, il prit place en 1828 parmi les débris du bataillon Villèle; mais s'étant aperçu que l'on n'était guère disposé à maltraiter la Charte, il demanda aussitôt un congé illimité pour cause de santé. Depuis cette époque M. le comte de Labazèque n'a pas donné signe de vie à la chambre élective où il s'est enfin décidé à rentrer.

LABBEY DE POMPIÈRES (GUILLAUME-XAVIER),

[Aisne], — *côté gauche* (12).

Né le 3 mai 1751, était, à l'époque de la révolution, chevalier de Saint-Louis et capitaine d'artillerie, arme dans laquelle il servit pendant vingt-quatre ans. Président de son district, conseiller de préfecture, il occupa long-temps par intérim la place de préfet, et fut appelé au corps législatif en 1813, puis à la chambre des députés de 1814. Depuis il a constamment fait partie des législatures qui se sont succédées. Toutes les mesures d'exception l'ont eu pour adversaire; chaque article du budjet a été pour lui l'objet de nouvelles demandes d'économie. C'est surtout pour les discussions relatives à cette matière, que l'honorable député semble réserver sa logique et son éloquence. Sous le poids de ses soixante-dix-huit ans, M. Labbey de Pompières a encore toute la vivacité d'un jeune homme. Il n'est pas riche, et ce qui honore d'autant plus son caractère, c'est qu'on le voit journellement partager ses modestes revenus avec les malheureux qui implorent sa bienfaisance. C'est d'après la proposition de ce courageux vieillard, de ce vénérable ami des libertés publiques, que le ministère vandale se trouve placé sous le poids d'une accusation capitale.

LABOESSIÈRE (le général marquis de),

[Morbihan], — *centre droit* (509).

Cet honnête breton, que l'obscurantisme fit surgir tout à coup dans la chambre vénale, s'y est acquis une déplorable célébrité par ses votes, par ses discours en faveur de tous les projets désastreux d'un ministère anti-national, et surtout par cette proposition qui créait une commission inquisitoriale contre les journaux, et dont la nouvelle chambre nous a enfin délivrés en 1828. M. le marquis de Laboëssière est un orateur de la force de M. Sirieys de Mayrinhac. Voici un échantillon de son éloquence : « Messieurs, dit-il, lors de la discus- » sion de sa fameuse proposition, M. B. Constant » a dit que j'avais reproduit une proposition de » M. de Villèle; non, Messieurs, c'est une pro- » position *à moi-même* que je vous ai présentée,

» comme c'est mon opinion *à moi-même* que je
» défends en ce moment. » Nous avons vainement
compulsé toutes nos annales militaires, toutes nos
biographies, dans l'espoir d'y trouver quelques
renseignemens sur les services que cet honorable
maréchal de camp a pu rendre à la patrie. Enfin un
ouvrage attribué à des plumes royalistes nous a
révélé que M. le marquis de Laboëssière s'occupait
beaucoup de botanique et de pharmacie dans les
départemens du Morbihan et d'Ille-et-Vilaine,
quand il lui plut de prendre les épaulettes de général; qu'en 1815 son épée cessa d'être vierge, et
qu'elle ne fut tirée que pendant quinze jours, ce
qui ne put empêcher l'échec d'Auray et encore
moins le réparer; qu'il obtint au retour du Roi le
commandement d'Ille-et-Vilaine, où il se complai-
sait à haranguer fréquemment les nouveaux soldats;
qu'un jour entre autres il leur disait : « Enfans,
» soyez tranquilles, vous pouvez marcher sans
» crainte *au-devant* de l'ennemi, car je serai avec
» vous et vous serez avec moi. » Nous reprodui-
sons ces détails sans en garantir l'authenticité.
Voici le portrait du noble marquis, d'après le biographe qui nous les a fournis. C'est un tout petit
homme, d'un tempéramment sec et mélancolique-
bilieux; il a les cheveux gris, coupés fort ras, les
oreilles collées à sa tête, un nez à larges narines
écrasées; la rondeur de son visage, et sa bouche
béante le font ressembler à un boule-dogue de la
petite espèce. On assure que le général Laboëssière
ne pouvait passer la revue qu'en guêtres en guise
de bottes, à cause d'un asthme qui le tourmente
encore.

LABORDE (le comte ALEXANDRE-LOUIS-JOSEPH de),

[Seine], — *centre gauche* (368).

Fils de l'ancien banquier de la cour du même nom, qui périt sur l'échafaud révolutionnaire, le 18 avril 1794, est né à Paris le 15 septembre 1774, et a été élevé, ainsi que ses frères, à Jully. À l'époque de la révolution, M. Alexandre de Laborde servait dans les armées autrichiennes. Il ne rentra en France qu'après le traité de Campo-Formio. Ami des lettres et des arts, il fit des voyages dans plusieurs contrées de l'Europe pour étudier les mœurs et les usages de leurs habitans, et y recueillir tout ce qui pouvait être de quelque utilité à sa patrie. Napoléon l'emmena avec lui en Espagne et en Autriche, et le nomma successivement maître des requêtes au conseil d'État, président de la liquidation des comptes de la grande armée, et directeur des travaux publics de Paris. En 1814 il était colonel d'état-major de la garde nationale. Après le 20 mars il fit un second voyage en Angleterre, pour prendre connaissance des différentes améliorations et institutions nouvelles. A son retour il publia le premier ouvrage qui ait paru sur *l'enseignement mutuel*. Rentré au conseil d'État en 1818, on l'en exclut de nouveau, peu de temps après, à cause de ses principes constitutionnels. En 1822 il fut nommé député par le grand collége de la Seine, et se prononça avec autant d'énergie que d'éloquence contre les mesures extrêmes qui furent présentées pendant la durée de son mandat. M. de Laborde n'a point fait partie de la chambre septennale. Reporté à la législature par les amis des libertés publiques, il n'a cessé de déployer ce grand caractère et cet amour du bien qu'on lui connaît. Dans la séance du 5 avril 1828, M. de Conny ayant osé s'élever contre la réunion des électeurs constitutionnels au salon de mars, et profiter de cette occasion pour rappeler les désastres de la révolution, et incriminer la conduite des libéraux, M. le comte de Laborde l'atterra dans une brûlante improvisation. «Je monte » à cette tribune, dit-il, pénétré d'indignation de » ce que je viens d'entendre... Oui, Messieurs, » poursuivit l'honorable membre au milieu des ex- » clamations du côté droit, oui, pénétré d'indi- » gnation, et comme député de Paris, et comme » *partisan déclaré de l'esprit d'association.* Que » vient-on nous parler sans cesse de révolution, et » réveiller de pénibles souvenirs? Qui pense à » reproduire des excès que tout le monde déplore? » Mais parmi ceux qu'on semble vouloir compren- » dre dans de pareilles intentions, n'est-il pas des » victimes de cette même révolution, je le demande, » est-il beauconp de royalistes dans cette chambre, » hors de cette chambre, qui aient perdu son père » et la moitié de sa famille sur l'échafaud pour la » cause des Bourbons ; qui aient perdu 1,200,000 » francs de rente à la révolution ; qui aient fait » cinq campagnes et reçu deux blessures pour la » cause royaliste, et qui, pour prix de tous ces » sacrifices, n'aient rien demandé aux Bourbons » à leur retour, afin de conserver leur indépen- » dance et de pouvoir vous parler à cette tribune » ainsi que je le fais? » M. le comte de Laborde a publié un *voyage pittoresque et historique de l'Espagne*, quatre vol. in-f°; un *Itinéraire de l'Espagne*, cinq vol. in-8°; un *Voyage pittoresque en Autriche*, deux vol. in-f°; et différens ouvrages sur l'administration et l'économie politique. Il est membre de l'institut, du conseil général des prisons, conseiller d'État en service ordinaire et fait partie de toutes les associations philantropiques. C'est un autre Liancourt.

LABOULAYE (le vicomte de),

[Ain], — *côté droit* (107).

Il remplace, dans la députation de ce département, M. le baron Dudon que les ministériels de la chambre vénale avaient si bien surnommé le *cosaque*. M. le vicomte siégeait pour la première fois en 1828. Envieux de la célébrité de son prédécesseur, il ne néglige rien pour en acquérir une semblable. M. de Laboulaye n'a pas encore toute l'audace de l'honnête *éclaireur des trois cents;* mais cela viendra. Il a paru déjà plusieurs fois à la tribune, comme rapporteur de la commission des pétitions. L'honorable membre invoque toujours l'indulgence de la chambre avant d'entrer en matière; il en a grand besoin, car il ne prend la parole que pour justifier les actes de l'ancien ministère. « On s'est fort exagéré les manœuvres
» électorales, disait-il, dans la séance du 29 mars
» 1828, à l'occasion d'une pétition des électeurs des
» Bouches-du-Rhône; il est possible qu'un zèle
» outré ait rendu coupables quelques fonctionnaires
» (*éclats de rire et murmures*); mais ce n'a pas
» été dans beaucoup d'endroits (*bruyante inter-*

11

» *ruption*). Sur les vingt-six départemens qui ont
» été attaqués, il y en a au moins dix-neuf où,
» après vérification faite, il est constant qu'elles
» ont été irrépréhensibles. » La pétition de Bissette
et Fabien, tendante à obtenir l'autorisation de
poursuivre l'ex-garde des sceaux Peyronnet, lui
fournit une nouvelle occasion de manifester ses
sentimens, dans la séance du 26 avril suivant. « Les
» pétitionnaires, dit-il, n'ont pas à se plaindre ; ils
» n'ont pas été envoyés aux bagnes, mais au châ-
» teau de Brest où ils n'ont éprouvé aucun mauvais
» traitement... Si M. le garde des sceaux avait en-
» voyé les condamnés aux galères, vous pourriez
» l'accuser d'injustice ; mais non, il les a envoyés
» au fort de Brest ; ils étaient là passablement... »
On sait que Bissette et Fabien avaient été frappés
de condamnations prononcées à huis clos, sans
défenseurs entendus, et reconnues iniques par un
arrêt subséquent. M. le vicomte de Laboulaye est
commandant de la légion d'honneur et chevalier de
Saint-Louis.

LABOURDONNAYE (François-Régis comte de),

[Maine-et-Loire], — *côté droit* (19).

Né le 19 mars 1767, émigra en 1792, servit
dans l'armée de Condé et dans la Vendée, et fut
amnistié sous le gouvernement consulaire. Il devint
successivement membre du conseil général de Maine-
et-Loire, maire d'Angers et membre du corps
législatif. Comme tant d'autres, le noble comte offrit sa part d'hommages à *Napoléon le Grand,* et

se prononça pour les Bourbons à la restauration. Appelé à la chambre des députés en 1815, son début fut la présentation de ce fameux projet de loi qui prit plus tard le nom de *loi d'amnistie*, et dans lequel il proposait de poursuivre, par catégories, tous ceux qui avaient pris part à la révolution du 20 mars, c'est-à-dire les quatre cinquièmes de la population. Les mesures les plus violentes ont constamment trouvé en lui un défenseur. Il a voté en faveur de toutes les lois exceptionnelles. Lors de l'élection de l'abbé Grégoire, M. de Labourdonnaye, s'opposant à son admission, s'écria : « Je » demande qu'il soit chassé comme indigne et » comme régicide. » Ce fut lui qui, le 14 février, proposa l'adresse faite au Roi au sujet de l'assassinat du duc de Berri. Dans la discussion de la loi suspensive de la liberté individuelle, « il ne s'agit pas, » dit-il, de savoir si cette loi est contraire à la » Charte ; mais si elle est nécessaire pour les dan- » gers de l'État. Lorsqu'on injurie les missionnaires, » et qu'on nomme un régicide député, on ne peut » refuser aux ministres le droit d'emprisonner. » En 1823 il demanda l'expulsion du vertueux Manuel, dans des termes que la France n'a pu oublier. Depuis cette époque M. de Labourdonnaye s'est mis à la tête de la contre-opposition, et, dans l'espoir d'être nommé ministre, il a lutté avec acharnement contre le triumvirat, jusqu'au moment où le trône nous a délivrés de son oppression. Trompé dans son attente, le noble comte s'est raccommodé avec l'ancien ministère. Il ne voulait que la chute de M. de Villèle, et, chose étrange ! M. de Labourdonnaye est aujourd'hui le chef du petit nombre de partisans que l'ex-président du conseil a pu jeter dans la nouvelle chambre ! Ces paroles qu'il a laissé tomber du haut de la tribune dans la séance du 19 février 1828, pourraient peut-être expliquer la bizarrerie de sa conduite : « Jamais, a-t-il dit, on » ne m'a vu attaquer l'administration par en bas, » l'attaquer dans les détails ; je suis remonté plus » haut : l'administration dépend d'un chef ; je de- » vais l'attaquer dans la personne de ce chef. Ce » que j'ai fait, je le ferais encore, et l'on ne me » verra jamais, dans les réactions qui nous agitent, » sortir de la ligne que je me suis tracée ; je dé- » fendrai toujours l'autorité la plus menacée, et ici » ce ne sont pas les libertés publiques, c'est la » royauté qui est le plus menacée. »

M. le comte de Labourdonnaye est conseiller d'État en service extraordinaire.

LABOURDONNAYE (le comte Arthur de),

[Morbihan], — *centre droit* (54).

Ne siége que depuis 1828. Nous ne désirons pas qu'il acquière la célébrité du précédent. Il est maréchal de camp, chevalier de Saint-Louis et officier de la légion d'honneur. Cet honorable dé- puté n'a pas encore fait preuve de talens oratoires.

LABOURDONNAYE MONTLUC (le comte Sévère de),

[Ille-et-Vilaine], — *côté droit* (163).

A commencé sa carrière législative en 1823. C'est un ancien émigré, qui fit les guerres de la

Vendée et de la Bretagne dans les armées royales. Il n'est guère plus modéré dans ses opinions que le chef des débris du bataillon Villèle.

LABRETONNIÈRE,

[Drôme], — *centre droit* (268).

C'est un homme de bien, qu'on a injustement compris parmi les ministériels de la chambre vénale. Ami de notre royale dynastie et des institutions dont la France lui est redevable, M. Labretonnière vote à-la-fois pour le maintien des prérogatives du trône, et la conservation des libertés que la Charte a consacrées. Indépendant par sa fortune autant que par son caractère, exempt de toute espèce d'ambition, il n'a jamais rien demandé pour lui aux ministres ; et, si l'on a vu son nom dans leurs bureaux, ce n'a pu être que sur la marge des pétitions de quelques infortunés dignes de sa sollicitude et des bontés du gouvernement. Cet honorable député possède d'immenses propriétés dans le département de la Drôme, où il jouit de l'estime générale. M. Labretonnière n'est point orateur ; mais il est fort utile dans le travail des bureaux de la chambre. Sa carrière législative a commencé en 1819, et depuis cette époque il a toujous été réélu à immense majorité par le collége de Montelimar.

LABRIFFE (le comte AUGUSTE de),

[Aube], — *centre droit* (322).

Il était sous-lieutenant au régiment des dragons de la reine avant la révolution. Admis au nombre des courtisans de Napoléon, il fut nommé chambellan de ce prince, et chargé en 1811 de porter à Naples la nouvelle de la naissance du roi de Rome, mission qui lui valut le grand cordon de l'ordre des deux Siciles. Capitaine de la garde nationale à cheval de Paris, après la restauration, M. le comte de Labriffe devint sous-lieutenant de chevaux-légers et membre de la chambre *introuvable*, où il vota avec les amis de la liberté; il fut réélu en 1816, siégea jusqu'à l'expiration de son mandat au côté droit de l'assemblée, et obtint le commandement des dragons de la Manche. Ami de la monarchie constitutionnelle, il désire de toute son ame l'alliance indestructible du trône et des libertés publiques.

LACROIX-LAVAL,

[Rhône], — *côté droit* (343).

C'est aux électeurs constitutionnels qu'il doit sa nomination. M. Lacroix-Laval est l'un des plus riches négocians de la seconde ville de France. Il ne siége que depuis 1828.

LAFAYETTE (le marquis MARIE-PAUL-JOSEPH-ROCH-YVES-GILBERT-MATHIEU de),

[Seine-et-Marne], — *extrême gauche* (174).

Il est né le 1er septembre 1757 à Chavagnac, près Brioude, département de la Haute-Loire. Le cercle étroit de cet ouvrage ne nous permet qu'une sèche nomenclature des grandes actions de cet illustre et courageux ami des libertés publiques et de la gloire nationale. Issu d'une famille non moins célèbre dans la carrière des armes que dans celle des lettres, Lafayette, au cri d'indépendance poussé par l'Amérique contre le tyran des mers, s'arrache à seize ans aux douceurs de l'hymen, à la tendresse de sa famille, et, consacrant la moitié de sa fortune à l'équipement d'un navire, il se dérobe à la surveillance de la cour et traverse les mers. Le congrès américain le nomme major-général, il refuse ce grade, et veut servir comme simple volontaire. Une longue suite de hauts faits et ses nobles vertus lui acquièrent le commandement de l'armée de Virginie. Les talens et le courage qu'il déploie dans la défense de cette contrée font pâlir l'étoile des Anglais, et crée cette république colossale dont l'univers envie aujourd'hui le gouvernement. Vainqueur de lord Cornwalis, que ses succès avaient rendu la terreur de l'Amérique, l'ami de Washington et de Franklin, le digne descendant de Fabius et de Turenne, Lafayette retourne dans sa patrie, qui venait de secouer à son tour le joug sous lequel elle gémissait depuis quatorze siècles. Nommé député aux États-généraux, il dirigea les travaux de cette assemblée, y proclama les droits de l'homme, et fut nommé commandant général des gardes nationales du royaume, institution qu'il avait créée et que la hache d'obscurs triumvirs devait un jour détruire. En 1792 Lafayette commandait en chef l'armée du centre, lorsqu'il devint l'objet des accusations de Dumouriez et de l'infâme Collot-d'Herbois. Dans une lettre écrite le 16 juin, il dénonça à l'assemblée législative les complots des contre-révolutionnaires; il prouva que c'étaient eux qui, sous le masque de la démagogie, tuaient la liberté par l'excès de la licence. Quelques jours après il vint lui-même appuyer sa dénonciation, et demander justice des violences exercées le 20 sur la personne de Louis XVI. La Montagne triomphait, et l'illustre général ne put échapper au trépas que par la fuite. Le cabinet autrichien, en la générosité duquel il crut devoir confier son existence, le fit jeter dans les cachots d'Olmutz. Il y passa cinq ans. De retour dans sa patrie, après le 18 brumaire, il n'eut aucun caractère public, jusqu'au moment où Napoléon quitta l'île d'Elbe. Membre de la chambre des représentans, il craignit, après la bataille de Waterloo, qu'un parti ne proposât de suspendre l'action de l'autorité législative par l'établissement d'une dictature. Montant alors à la tribune : « Voici, dit-il, le moment de nous rallier » autour du vieil étendard tricolore, celui de 89, « celui de la liberté, de l'égalité et de l'ordre pu- » blic; c'est celui-là seul que nous avons à défendre » contre les prétentions étrangères, et contre les » tentatives intérieures. » Cette allocution, et les propositions hostiles envers Napoléon, qu'il fit accepter par l'assemblée, ont fait dire à ce prince :

Son insurrection des chambres au retour de Wa-terloo avait tout perdu. Il ne nous appartient pas de prononcer entre le général Lafayette et Napoléon. Qu'il nous soit permis toutefois d'émettre cette opinion, que le général eût pu agir avec plus de prudence et d'une manière plus conforme aux intérêts, à la gloire du pays. Le nom de l'empereur était le talisman des Français et la terreur de l'étranger. Détruire la puissance de Napoléon, c'était décourager l'armée, et ouvrir les portes de Paris à des ennemis qu'il eût encore été si facile de vaincre !... Sous le régime de la Charte, Lafayette a poursuivi sa noble et utile carrière. Appelé plusieurs fois à la chambre des députés, depuis la seconde restauration, il n'a cessé d'y plaider la cause nationale avec ce courage, cette loyauté et cet amour du bien qui le caractérisent. Il fit, il y a trois ans, un voyage en Amérique, d'où il revint comblé d'honneurs et de présens.

LAFAYETTE (Georges-Washington),

[Seine-et-Marne],—*côté gauche* (230).

Fils du précédent dont il partage les sentimens et les principes généreux. Il a servi avec distinction dans les armées impériales. Membre de la chambre des représentans, en 1815, membre de la chambre des députés, en 1820, M. Georges Lafayette s'est toujours montré digne de son père. Il est du comité grec.

LAFFITTE (Jacques),

[Basses-Pyrénées], — *côté gauche* (38).

Est né à Bayonne en 1767. Il entra fort jeûne
dans la maison de commerce du sénateur Perrégaux,
qui se l'associa bientôt. Le premier usage qu'il fit
de sa fortune fut d'appeler auprès de lui toute sa
famille, qui est très-nombreuse. Après la mort de
M. Perrégaux, le fils de ce dernier devint son
associé commanditaire. M. Laffitte géra seul pendant dix ans, cette maison qui sous la raison de
Laffitte et compagnie, est devenue une des premières de l'Europe. Il fut appelé successivement à
de hautes fonctions commerciales, notamment à
celles de gouverneur de la banque de France, dont
il ne voulut point toutefois accepter les émolumens.
Après la bataille de Waterloo, cet honorable citoyen remit au comte Mollien, ministre du trésor,
une somme de 2,000,000 de francs, pris dans sa
propre caisse, pour subvenir aux frais de la retraite de nos braves. Député en 1816 et dans les
sessions suivantes, il vota contre toutes les lois
d'exception. Ce fut lui qui, dans la session de
1820, dénonça le premier les coupables excès des
troupes envers les habitans de Paris, et le meurtre
du jeune Lallemant. Depuis cette époque il a pris
part avec succès, à toutes les grandes questions
financières et politiques. M. Laffitte ne put être
rendu à la législature qu'en 1827. Son premier
discours fut un coup de foudre pour le triumvirat.
Révélant l'existence d'un déficit, il s'éleva contre
la dissolution de la garde nationale et menaça le

triumvirat d'une accusation méritée par tant d'actes odieux. Rappelé à la chambre des députés, lors des dernières élections, par les départemens de la Seine et des Basses-Pyrénées, il a opté pour ce dernier, tant par reconnaissance pour le pays qui l'a vu naître, que par désir de procurer à la chambre un bon député de plus.

LAFFITTE (Martin),

[Seine-Inférieure] , — *côté gauche* (354).

Frère du précédent. Ce député fut, lors des dernières élections, l'objet des plus odieuses imputations. Les ennemis de nos libertés, afin de faire manquer sa nomination, répandirent que son crédit avait été plus d'une fois ébranlé, et que le désastre de M. Paravey venait de compromettre de nouveau son existence commerciale. Les électeurs d'Yvetot firent justice de ces manœuvres ; sur quatre cent trente-six votans, M. Martin Laffitte réunit trois cent huit voix, et M. de Martainville, maire de Rouen et député sortant, ne put en obtenir que cent vingt, malgré tous les efforts de la congrégation. M. Martin Laffitte est juge au tribunal de commerce du Hâvre.

LAFONT DE CAVAGNAC (le général baron),

[Lot-et-Garonne], — *centre droit* (261).

L'un des *trois cents* de la chambre vénale. Il est maréchal-de-camp, commandant de l'artillerie de la garde, chevalier de Saint-Louis et grand officier de la légion d'honneur. Nous ne connaissons d'autres actions de l'honorable membre que son affaire avec le général Sémelé, qui l'avait traité d'*être vil*... Il n'y eut pas de sang versé. Il est député depuis 1821.

LAFOND DE BLANIAC (GULLAUME-JOSEPH),

[Lot-et-Garonne], — *côté gauche* (184).

Est né à Ville d'Agen, d'une famille qui a produit des magistrats et des militaires distingués. Il n'est point parent du précédent. M. Lafond de Blaniac entra au service en 1792, fit la campagne du nord en qualité de sous-lieutenant au 5ᵉ régiment de dragons, se distingua à la bataille d'Honscoote et à la prise de Furnes, où il reçut une blessure. Passé au 18ᵉ régiment des dragons, il combattit en Italie, devint aide de camp de Berthier, qu'il suivit en Égypte, assista à la prise d'Alexandrie, fut blessé à Damanhour, et gagna dans la campagne de Syrie, le commandement du 15ᵉ régiment de dragons. Après la bataille d'Héliopolis, il fut chargé, par le général Rampon, de chasser les Turcs et les Arabes de la province de Mansoura; ce qu'il fit en peu de jours, après plusieurs combats sanglans. Nommé adjudant général et chef d'état major du général Roize, qui commandait à la bataille d'Alexandrie contre les Anglais, il mit en mouvement les deux brigades de dragons, et chargea à la tête de la réserve ; enveloppé de toutes parts, après avoir reçu un coup de feu à bout portant, et plusieurs coups de baïonnettes, il refusa de se rendre, et se fit jour avec son sabre à travers l'ennemi. Colonel du 14ᵉ régiment de dragons, il reparut sur le champ de bataille aussitôt qu'il put remonter à cheval, reçut de nouvelles blessures, et rentra en France avec son régiment. Général de brigade après la campagne de 1805 en Allemagne, il fut envoyé dans la Calabre, et parvint à pacifier cette province en moins de deux mois. Commandant de la ville de Naples, il reçut l'ordre de se rendre en Espagne, devint gouverneur de Madrid en 1810, rentra dans sa patrie après la bataille de Vittoria en 1813, et se rendit ensuite en Italie, pour y prendre, en sa qualité de général de division, le commandement de la cavalerie du prince Borghèse. M. le baron Lafond était en 1815, inspecteur général de cavalerie. Depuis cette époque il a vécu retiré jusqu'au moment où les suffrages des électeurs de Lot-et-Garonne l'ont appelé à la chambre des députés.

LAGOY (le marquis de),

[Bouches-du-Rhône], — *côté droit* (474).

Était officier du régiment du Roi infanterie avant la révolution ; il n'émigra point, et cependant rien de ce qui a été fait depuis 1789 n'a reçu son approbation ; il n'a jamais occupé de place et a constamment blâmé ceux qui en prenaient. Son véritable nom est Méran. Ce noble marquis a siégé dans la chambre introuvable et dans celles de 1816, 1817, 1818 et 1819. Depuis cette époque, il n'avait pas été réélu. Il tient à l'ancien régime.

LAGUETTE DE MORNAY (le baron),

[Ain], — *côté gauche* (238).

A siégé dans la chambre des représentans. Il fut chargé de la part de l'assemblée d'une mission auprès des avant-postes de l'armée française. Depuis cette époque, il n'avait fait partie d'aucune législature. Il doit sa nomination à son patriotisme éclairé et au désintéressement de son honorable ami M. Girod de l'Ain, qui, porté à la candidature par le collége de Belley, engagea les électeurs à accorder leurs suffrages à ce vertueux citoyen.

LAIDET (le colonel),

[Basses-Alpes], — *centre gauche* (143).

Brave officier que le ministère Villèle empêcha d'être nommé en 1823 par le département dont il a réuni les suffrages aux dernières élections. M. Laidet commande le 57ᵉ régiment de ligne. Il fut dénoncé pour une assertion qu'on n'a point motivée. Le 19 février, lors de la présentation chez le Dauphin, S. A. R. arrêta M. Laidet au passage, et lui dit d'un ton sévère : « Je sais, Monsieur, que vous » vous êtes permis, à votre régiment, le propos » aussi inconvenant que nuisible aux intérêts du Roi, » qu'il ne serait plus accordé d'avancement qu'à des » officiers nobles. J'espère que je n'aurai plus de » semblables reproches à vous faire à l'avenir. » Les journaux ayant rapporté cette anecdote sans citer le nom de M. Laidet, M. Gravier leur écrivit

que c'était à son collègue de députation que la
chose était arrivée, et les invita à publier que
S. A. R. avait admis ce colonel à donner des ex-
plications qui la satisfirent pleinement. M. le colonel
Laidet est franchement dévoué à la monarchie
constitutionnelle.

LAISNÉ DE VILLEVESQUE,

[Loiret], — *centre gauche* (506).

. Il embrassa les principes de la révolution ; mais,
bientôt en butte aux persécutions, il fut réduit à se
tenir caché pendant les années 1793 et 1794. En
1795, cet honorable député réclama la liberté de
la fille de Louis XVI, et en 1800 l'annullation des
condamnations prononcées contre les émigrés.
M. Laisné de Villevesque remplit, sous le consulat
et sous l'empire, diverses fonctions administratives, et fut nommé, en 1808, membre du corps
législatif. En 1814, il vota la déchéance de Napoléon et se prononça en faveur des Bourbons.
Député en 1817, il siégea parmi les amis de la
monarchie constitutionnelle, et vota contre toutes
les lois d'exception. Il ne fut pas réélu en 1824.
Rappelé à la législature par deux colléges électoraux du Loiret, il a opté pour l'arrondissement de
Pithiviers.

M. Laisné de Villevesque vient d'être nommé
membre de la légion d'honneur.

LAMENDÉ,

[Sarthe], — *côté droit* (512).

Il était peu connu avant sa nomination et ne l'est guères plus depuis. Il n'a pris qu'une fois la parole; ce fut pour proposer un amendement à l'adresse de la chambre en réponse au discours du trône lors de l'ouverture de la session de 1828. N'ayant pas réussi, M. Lamendé n'a plus bougé de la place qu'il occupe parmi les partisans du *système déplorable.*

LAMETH (le comte ALEXANDRE de),

[Seine-et Oise], — *côté gauche* (35).

C'est encore un de ces hommes que les amis de la liberté aiment tant à revoir sur les bancs de la chambre législative. Il est né à Paris le 28 octobre 1760. Aide-de-camp de Rochambeau, il se signala dans la guerre d'Amérique, et devint colonel du 2ᵉ régiment de cavalerie-Lorraine. Député par la noblesse de Péronne aux États généraux, il y défendit l'autorité royale contre l'envahissement de la démocratie, et les droits du citoyen contre les priviléges. D'Esprémenil ayant osé proposer à l'assemblée nationale le rétablissement pur et simple de l'ancien régime, M. Alexandre de Lameth demanda l'ordre du jour motivé sur l'absurdité de la motion. Promu au grade de maréchal-de-camp, il était employé au camp de Maubeuge à l'époque du 10 août 1792, et chargé de défendre la frontière des Ardennes lorsqu'un décret d'accusation, parti de l'assemblée législative, le força de quitter la patrie avec le général Lafayette, dont il partagea la captivité, ainsi que Latour-Maubourg et Bureau-de-Puzy. Remis en liberté en 1795, il essaya de rentrer en France, mais n'ayant pu réussir, il se vit contraint de s'en éloigner aussitôt; ce ne fut qu'en 1800 qu'il obtint cette faveur. Préfet des Basses-Alpes en 1802; préfet de Rhin-et-Moselle en 1805, de la Roër en 1806, du Pô en 1809, il fut nommé lieutenant-général et préfet de la Somme à la restauration. Malgré ces faveurs, il demeura fidèle aux principes qu'il avait adoptés dès l'aurore de la révolution. Napoléon, à son retour de l'île d'Elbe, l'éleva à la dignité de pair; mais il ne fut point maintenu à la rentrée des Bourbons. Nommé député en 1819, M. Alexandre de Lameth siégea au côté gauche et se montra, jusqu'à l'expiration de son mandat, tel qu'il avait été, ami des intérêts nationaux et de la liberté. Cet orateur a paru plus d'une fois à la tribune depuis l'ouverture de la nouvelle chambre, et l'on a pu s'apercevoir à ses discours qu'il n'a rien perdu de son patriotisme ni de sa mâle éloquence.

LAMARQUE (le lieutenant-général MAXIMILIEN),

[Landes], — *côté gauche* (33).

Le général Lamarque, l'une des premières illustrations de notre époque, est né à Saint-Séver. Son père, qui siégeait à l'assemblée constituante, lui inspira de bonne heure l'amour de la patrie et de la liberté. Fils unique d'une famille riche et justement vénérée, le jeune Maximilien Lamarque s'enrôle, en 1792, comme simple soldat; il pouvait être nommé de suite officier; mais il préfère gagner ce grade : bientôt il parvient à celui de capitaine et reçoit le commandement des grenadiers de cette phalange de braves, si bien désignée sous le nom de *colonne infernale* et dont le chef est Latour-d'Auvergne, premier grenadier de France. Lamarque débute en l'an 2 à l'armée des Pyrénées, sous les ordres du général Moncey. Le 17 pluviôse de la même année, il arrête, à la tête de deux compagnies, une colonne espagnole qui va tourner l'aile gauche de l'armée et reçoit deux blessures graves. Les Pyrénées sont franchies, Lamarque se charge de prendre Fontarabie avec deux cents braves ; il passe la Bidassoa, enlève les redoutes qui commandent la ville, vole dans les fossés, abat les pont-levis et demeure maître de la place, après avoir perdu 125 hommes : 1,800 prisonniers, 80 bouches à feu et plusieurs drapeaux qu'il est chargé de porter lui-même à la convention, sont les trophées de cette journée si glorieuse. Un décret le nomme adjudant-général, et déclare *qu'il a bien mérité de la patrie.*

Lamarque n'a pas encore vingt ans. Les armées d'Irlande, d'Italie, d'Angleterre et du Rhin le comptent tour-à-tour dans leurs rangs. Il se distingue à Hohenlinden et retourne en Espagne, après la paix de Lunéville, pour y commander une division sous le général en chef Leclerc. Employé dans le 7e corps pendant la campagne que termine si glorieusement la victoire d'Austerlitz, il continue d'attacher son nom à tous nos beaux faits d'armes. Appelé par Joseph Bonaparte à la conquête de Naples, Lamarque traverse le Tyrol et l'Italie; à son entrée sur le territoire napolitain, il est attaqué, par la bande du fameux *Fra Diavolo;* il se défend avec huit soldats, arrive devant Gaëte et contribue à la prise de cette place. Après d'importans succès contre les Anglais et les bandes qui infestent le pays, Lamarque reçoit du roi Joseph le titre de chef de son état-major, et de l'empereur, le grade de général de division. Murat succède à Joseph sur le trône de Naples et veut se rendre maître de Caprée, île réputée *imprenable* et où commande cet odieux Hudson-Lowe qui doit être un jour le bourreau de Napoléon. Cette île, portée sur des rochers de deux à quatre cents pieds d'élévation perpendiculaire, est hérissée de canons et défendue par 2,000 anglais. Lamarque est chargé par le nouveau roi de la prise de cet autre Gibraltar; dans la nuit du 4 au 5 octobre 1808, il s'embarque avec 1,600 hommes d'élite qu'il conduit à la victoire ou à la mort. Naples tout entière était accourue pour être témoin de cette expédition; la flotille, par des vents contraires, ne peut arriver que le lendemain à trois heures après midi à la hauteur de Caprée : il n'y a pour rivage que des rochers à pic. Lamarque parvient à faire fixer trois échelles l'une au bout de l'autre contre un rocher où la mer bat avec le moins de violence: c'est par cet étrange chemin, que ses 1,600 braves parviennent un à un à escalader la première enceinte, sous le feu de 1,400 Anglais. On veut enlever les positions supérieures; mais la mort frappe tous ceux qui se présentent. Enfin à 7 heures du soir, après avoir donné l'ordre d'é-

loigner les embarcations, afin de mettre ses soldats dans la nécessité de vaincre, l'intrépide Lamarque fait avancer sa troupe que protège la nuit,
enlève à la baïonnette le fort *Sainte - Barbe* et
fait 1,100 prisonniers. Le voilà maître de la partie
supérieure; mais il faut conquérir la partie inférieure, et le danger est pour le moins aussi grand
que celui qu'on vient d'affronter. Il n'y a d'autre
communication entre la partie haute et la partie
basse qu'un escalier de 580 marches, chacune
haute d'une coudée, et où il ne peut passer qu'un
homme de front; cet escalier est battu par douze
pièces de 36. Lamarque descend, sa troupe le
suit et la *Grande-Marine* est en son pouvoir; il
s'y établit, s'y fortifie, et, le 17 octobre, les assié-
gés, voyant tomber en brèches leurs murailles et le
général Lamarque préparer un assaut, cèdent la
place, les forts, l'artillerie, les vivres et les muni-
tions : ils venaient pourtant de recevoir des ren-
forts et en attendaient d'autres.

Salicetti, ministre à Naples, vint à Caprée et il
écrivit : « J'y ai trouvé les Français, mais je ne puis
» pas croire qu'ils y soient entrés. » Murat récompense Lamarque en lui donnant un domaine dans
cette île ; en même temps, Napoléon lui confie une
division dans l'armée du vice-roi d'Italie. Villanova,
la Piave, Oberlitz, ont vu la marche victorieuse de la
division Lamarque à Leibach, six de ses bataillons
forcent le camp retranché des Autrichiens, font
5,000 prisonniers, et enlèvent 65 bouches à feu. A
Engendorf, à Wagram, Lamarque repousse deux
fois l'armée Autrichienne, et a, dans cette dernière
bataille, quatre chevaux tués sous lui. Napoléon le
nomme grand-officier de la légion d'honneur. Il est

envoyé à Anvers. Le roi de Naples le rappelle pour lui confier le commandement de l'expédition de Sicile, qui n'eut point lieu. Lamarque retourne en Espagne, et se signale à Attajullia, à Tarragone, à Ripouil, à Col-Sacro, à Bagnolas et surtout à la Salud, où enveloppée pendant deux jours par l'armée ennemie, sa division parvient à se dégager, et met 3,000 espagnols hors de combat. Lors de l'évacuation de l'Espagne, le poste le plus périlleux lui est confié : il commande l'arrière-garde, et doit faire sauter les fortifications de Gironne et de Roses. Le désintéressement, l'humanité honorent constamment ses opérations militaires, et le nom de Lamarque est resté cher aux Catalans. De retour en France après la première restauration, il demeura sans emploi. Chargé successivement par Napoléon, à son retour de l'île d'Elbe, du commandement de Paris et d'une forte division sur les frontières de la Belgique, il fut nommé, au mois de mai, général en chef de l'armée de la Vendée. Napoléon a dit au sujet des opérations de ce brave officier : « Lors » des dernières insurrections de la Vendée, le gé- » néral Lamarque, que j'y avais envoyé *au fort de* » *la crise*, y fit des merveilles et surpassa mes es- » pérances. » En effet Lamarque trouve les moyens de terminer la guerre dans une seule bataille; vainqueur à la Roche-Servière, il écrit au gouvernement : « C'est avec des pompes qu'on éteint les in- » cendies, » et le 9 juin il dit aux Vendéens : « Je » ne rougis pas de vous demander la paix, car » dans les guerres civiles la seule gloire est de les » terminer. » Un assassin, caché derrière une haie lui tire un coup de fusil à bout portant; Lamarque le soustrait à la juste fureur de ses soldats, et lui donne la vie. La paix de la Vendée est signée à Chollet le 26 juin ; dans le mois de juillet, 22 départemens sont sous les ordres de Lamarque. La discipline qu'il maintient dans son armée sauve des plus grands maux les villes de Nantes et de Tours... Le pacificateur de la Vendée est proscrit par l'ordonnance du 24 juillet 1815 ! Il se retire en Belgique où il vit ignoré jusqu'en 1818, époque à laquelle il est rappelé dans sa patrie. Dès cet instant, le général Lamarque n'a cessé de consacrer sa plume à la France, comme il lui avait consacré son épée. C'est avec une joie bien vive qu'on a vu enfin au mois de décembre 1828 le nom de cet illustre citoyen sortir de l'urne électorale de l'arrondissement de Mont-de-Marsan. Le général Lamarque remplace à la chambre des députés M. le marquis du Lyon, homme de bien, que la mort a frappé après la clôture de la dernière session.

LAMEZAN (le comte de),

[Gers], — *centre droit* (325).

Cet honnête gascon a commencé sa carrière législative en 1828. N'ayant aucun renseignement sur lui, nous nous sommes adressés à plusieurs personnes de son département dans l'espoir d'en obtenir ; mais toutes nous ont répondu qu'elles ne le connaissaient pas. Alors, nous avons pris le parti de recourir à M. de Panat, son collègue de députation ; ce nouveau préfet nous a assuré que le noble comte était un très-brave homme, qu'il pensait et votait comme lui-même. Or, voyez comment pense et vote M. le marquis de Panat.

LAPERRINE D'HAUTPOULT,

[Aude], — centre droit (455).

Il avait pour concurrent l'introuvable Barthe-Labastide. Nommé par les amis de nos institutions, il remplit dignement son mandat. M. Laperrine d'Hautpoult est le beau-frère de M. le comte d'Hautpoult, colonel du 3e régiment de la garde royale. Il n'avait pas siégé avant l'ouverture de la nouvelle chambre septennale.

LAPEYRADE (RATTIER vicomte de),

[Hérault], — côté droit (426).

Il s'appelait autrefois, dit-on, Rattier tout court ; il y ajouta le nom de Lapeyrade qui est celui qu'il avait donné à un tas de pierres dont une de ses propriétés se trouve bordée. Membre de la chambre Villèle, il n'y a parlé qu'une seule fois ; ce fut sur les eaux-de-vie. Un plaisant a dit à cette occasion qu'on ne trouva pas le moindre *esprit* dans son discours.

LAPOMMERAYE (le colonel ADAM de),

[Calvados], — côté gauche (76).

Cet officier a pris part à presque toutes les victoires qui ont immortalisé le nom Français. Appelé à la chambre des députés en 1821, il y vota, comme aujourd'hui, avec le côté gauche. Un jour,

certain préfet s'étant permis de parler un peu légè-
rement de nos braves, M. de Lapommeraye lui lança
une épithète que les journaux voulurent bien traduire ainsi par politesse : *Vous êtes un misérable.*
Le lendemain ce préfet demanda, par la voie des
journaux, si son collègue avait réellement eu l'in-
tention de l'insulter ; le général répondit affirma-
tivement, et le fonctionnaire ne réclama pas d'autre
satisfaction. M. de Lapommeraye monte trop rarement à la tribune.

LAPOTHERIE (Guillot comte de),

[Maine-et-Loire]. — *côté droit* (118).

Il fut l'un des premiers chefs de l'insurrection
vendéenne. Après la pacification des provinces de
l'ouest et le désarmement des chouans, il se retira
à Château-du-Loir et y vécut ignoré jusqu'au retour des Bourbons, qui le nommèrent successivement colonel et maréchal-de-camp. Envoyé par la
noblesse de son pays à la chambre vénale, M. le
comte de Lapotherie n'y a point favorisé de son
vote les projets désastreux du triumvirat ministériel ; réélu depuis la dissolution de cette chambre,
il a conservé son indépendance envers le nouveau
ministère. Est-il beaucoup de royalistes dont on
puisse en dire autant ?

(185)

LARDEMELLE (de),

[Moselle], — *côté droit* (119).

Il est maire de Ban-Saint-Martin, et a siégé dans
la chambre vénale où il n'a pas fait grand bruit.
Depuis sa réélection, il a conservé sa taciturnité.
On assure toutefois qu'il vise à une recette générale
et qu'il se démettrait volontiers de ses fonctions de
législateur s'il pouvait l'obtenir.

LA RIBOISSIÈRE (le comte de),

[Ille-et-Vilaine], — *côté gauche* (75).

Cet honorable citoyen que le collége électoral
de Fougères vient d'envoyer à la chambre des
députés remplace le vénérable M. Rallier qui,
après avoir siégé pendant la session de 1828,
donna sa démission à cause de son âge et de ses
infirmités. M. de La Riboissière est fils du général
de ce nom, mort avant d'avoir repassé le Niémen
le 27 décembre 1812, regretté de ses compa-
gnons d'armes et de toutes les personnes qui
avaient été à même d'apprécier son patriotisme et ses
vertus.

Sur 230 votans, M. de La Riboissière a obtenu
161 suffrages. M. Legonidec, candidat de M. de
Curzay (voyez ce nom) l'un des préfets-Villèle,
n'a pu réunir que 69 voix.

Les journaux ont annoncé, au sujet de cette
élection, que, dans le but de l'empêcher, des lettres supposées de M. de La Riboissière, furent en-

voyées à plusieurs électeurs de l'arrondissement de
Vitré; instruit que M. de Courville, employé des
contributions indirectes de Vitré, avait montré à
plusieurs personnes une de ces lettres qui lui avait
été adressée, M. de La Riboissière se hâta de lui
écrire pour en démentir le contenu et le prier de
la lui faire passer ; mais M. de Courville répondit
qu'il l'avait perdue ; alors l'honorable député
porta plainte au procureur du roi de Fougères,
et M. de Courville remit enfin la lettre entre les
mains de ce magistrat. Une instruction est com-
mencée et peut-être à l'heure où nous écrivons, le
faussaire est-il découvert ; quoiqu'il en soit hâtons-
nous de dire que M. de La Riboissière, digne
héritier des vertus de son père, a pris place parmi
les amis de la liberté.

LAROCHEFOUCAULD (le comte ALEXAN-
DRE de),

[Oise], — *centre gauche* (438).

C'est l'un des fils du vertueux duc de Liancourt,
de ce pair si justement vénéré et dont la police de Franchet a brisé le cercueil dans la boue.
M. le comte Alexandre de Larochefoucault possède
toutes les qualités de son noble père. Il avait déjà
représenté honorablement ses concitoyens à la
chambre élective. Les constitutionnels de l'arrondissement de Senlis l'ont rendu à la législature lors
du renouvellement intégral de cette chambre.

LAROCHEFOUCAULD (le marquis GAÉTAN de),

[Cher], — centre gauche (46).

Frère du précédent et digne comme lui de son illustre naissance. Il n'avait fait partie d'aucune législature avant celle de 1828. M. Gaétan de Larochefoucauld a publié la vie de l'auteur de ses jours. Cet ouvrage est fort bien écrit et ne contient que des faits d'une rigoureuse exactitude.

LAROCHEFOUCAULD (le vicomte Sos-THÈNES de),

[Marne], centre droit (57).

C'est l'homme le plus loyal et le plus obligeant qu'il soit possible de rencontrer. Investi de la confiance du Roi dont il est aide-de-camp, ce député semble ne se glorifier d'un crédit sans bornes que parce qu'il lui fournit les moyens d'être utile à la fois aux vieux amis de la monarchie et aux artistes de toutes les opinions. Cependant, par une fatalité que nous ne saurions nous expliquer, il est peu de personnes qui soient plus que lui en butte aux traits de la malveillance et de la malignité : il n'est pas de ridicule qu'on ne lui ait prêté, pas de raillerie dont il n'ait été l'objet. Nous ignorons d'où provient cette sorte d'acharnement contre un homme estimable, tant par ses vertus privées que par l'indépendance de son caractère.

M. le vicomte de Larochefoucault n'a occupé aucune place sous le gouvernement impérial, et l'on se rappelle encore ce fameux décret lancé de Lyon, par Napoléon lors de son retour de l'île d'Elbe, qui plaçait sous le séquestre tous les biens de l'honorable membre, décret aussi impolitique qu'injuste et auquel le général Bertrand refusa d'attacher sa signature. D'abord aide-de-camp du général Dessoles, de ce noble pair, dont les amis du trône et des libertés publiques pleurent la perte si récente, et ensuite du comte d'Artois, aujourd'hui Charles X, il fut porté par les suffrages de la Marne à la chambre des députés en 1815; là, M. de Larochefoucauld se fit remarquer par une modération que ne partageait point le côté où il siégeait. N'ayant pas l'âge exigé par l'article 38 de la Charte, il ne fut point réélu à la chambre de 1816 ni aux sessions suivantes. Louis XVIII, qui l'honorait d'une bonté particulière, lui confia en 1824 la direction du département des beaux-arts. Quelqu'éminent que soit ce poste qu'il occupe encore au moment où nous écrivons, quelque gloire qui y soit attachée, M. le vicomte de Larochefoucault n'a rien sacrifié de son indépendance pour le conserver. Nous pouvons même garantir que plus d'une fois il s'est élevé contre le système odieux de M. de Villèle, et qu'il a même eu le courage de le lui reprocher verbalement avec énergie.

Entre diverses actions, qui toutes le recommandent à l'estime de ses concitoyens, nous citerons la plus récente. Le spirituel auteur de la *petite ville*, Picard descend dans la tombe et ne laisse pour toute fortune à sa fille unique qu'un nom cher à la scène qu'il a enrichie de ses nombreuses productions. Le jour même de la mort de cet académicien, M. de Larochefoucauld écrit à sa famille éplorée qu'il vient de la recommander à la sollicitude du Roi. Sans doute, au moment où nous écrivons, la fille du nouveau Molière est à l'abri du besoin.

Terminons par un mot qui vaut à lui seul l'article le plus élogieux : M. le vicomte de Larochefoucault est le fils de ce vertueux duc de Doudeauville qui préféra se démettre de sa place de ministre de la maison du Roi plutôt que de souscrire au licenciement de la garde nationale parisienne.

LASTIC (le comte de),

[Cantal], — *centre droit* (155).

C'est ce brave homme qui, dans le comité secret du 7 mars 1828, déclara qu'il était royaliste avant d'avoir vu le jour. Cette figure excita quelque hilarité, et l'honorable membre crut devoir écrire le lendemain à divers journaux pour les engager à faire la rectification suivante : « *J'ai dit royaliste par » destination, même avant d'avoir vu le jour.* » Depuis cette époque, M. Lastic, qui siégeait pour la première fois, n'a plus reparu à la tribune.

LASTOURS (le marquis de),

[Tarn], — *côté droit* (25).

L'un des apologistes de la grande propriété. Député depuis 1815, il a voté pour toutes les lois d'exception. On prétend que M. le marquis de Lastours descend de ce fameux M. d'Or, qui, menacé de la corde par le maréchal de Villars, répondit : « Monseigneur, a-t-on jamais pendu un

» homme qui dispose de cent mille écus? » Cet honorable député prend souvent la parole dans les questions de finances, et par une fatalité singulière, tous ses efforts pour les rendre plus claires n'aboutissent qu'à les embrouiller davantage.

LAUBRIÈRE (Briant de),

[Finistère], — *côté droit* (164).

A été nommé contre le gré de l'ancien ministère; c'est un excellent royaliste. Son nom n'avait point figuré sur la liste des mandataires de la nation avant la session de 1828.

LAVAL aîné,

[Vendée], — *centre gauche* (244).

Il a siégé dans la chambre *introuvable* et pendant les sessions de 1816 et 1817. Exclu de la législature à l'expiration de son mandat, il n'a pu y rentrer qu'après la chute du ministère corrupteur qui pesait sur la France. M. Laval n'a jamais séparé, dans ses affections, le Roi de la Charte constitutionnelle.

LAZERME (de),

[Pyrénées-Orientales], — *centre droit* (259).

Il est conseiller de préfecture et a bonne envie de devenir préfet. Il est bien fâcheux pour lui que M. le comte de Villèle, à qui cet honorable doit sa nomination, n'ait plus la présidence du conseil!

LECARLIER,

[Aisne], — *côté gauche* (236).

Fils du conventionnel de ce nom, il a fait partie de la chambre des cent jours. Élu de nouveau en 1819, il vota en faveur de la liberté individuelle et de la liberté de la presse, et fut un des quatre-vingt-quinze qui repoussèrent le nouveau système électoral. M. Lecarlier n'a point siégé dans la chambre servile.

LECLERC,

[Calvados], — *centre droit* (388).

Il remplace M. Rioust de Neuville, nommé pair en récompense des services qu'il a rendus dans la chambre vénale au triumvirat exécré dont la bonté du prince nous a délivrés. M. Leclerc n'avait encore figuré dans aucune de nos assemblées législatives. S'il est un jour élevé à la dignité que M. de Villèle a procurée à son prédécesseur, ce ne sera point pour avoir contribué à la ruine de nos institutions.

LECLERC (Léon),

[Mayenne], — *côté droit* (68).

Est adjoint au maire de la commune de Forcé. Il a siégé dans la chambre introuvable où il votait avec la majorité, et dans la chambre vénale où il était en opposition avec le système déplorable qui en a provoqué la dissolution. C'est un de ces royalistes qui

appellent de tous leurs vœux le comte de Labourdonnaie au ministère. On assure qu'il a beaucoup
plus de dispositions à l'étude des insectes micros-
copiques qu'aux travaux législatifs.

LEFÈBVRE (JACQUES),

[Seine], — *centre gauche (489).*

C'est un des banquiers les plus éclairés ; il a publié quelques écrits qui annoncent une grande rec-
titude d'esprit et surtout de vastes connaissances.
M. Jacques Lefebvre est à la fois régent de la banque de France, membre du conseil-général du commerce, président de la chambre du commerce de
Paris, vice-président de la caisse d'épargnes et
membre de plusieurs associations philantropiques.
Cet honorable député n'avait pas encore siégé avant
1828. Il monte rarement à la tribune, mais son
amour pour nos institutions et la place qu'il occupe
à la chambre disent assez comment il vote.

LEFEBVRE-GINEAU (le chevalier LOUIS),

[Ardennes], — *côté gauche (78).*

Né en 1754, était électeur et officier municipal
de la commune de Paris en 1789 ; il fut nommé
membre de l'institut national lors de sa formation,
membre de la légion d'honneur en 1803, inspecteur
général des études et administrateur du collége de
France en 1804, membre du corps législatif en
1807, député en 1813, membre de la chambre des
représentans en 1815, et reporté à la législature en

1821 par les deux colléges électoraux des Ardennes.
Ce député n'est pas moins recommandable par ses
vertus que par la modération de ses opinions politiques et par les travaux importans que l'on doit
à ses méditations scientifiques. Dans la session de
1814, il s'éleva contre la censure et contre la proposition de M. de Perrigny tendant à ce que les
biens des émigrés non vendus leur fussent rendus
sur une simple ordonnance et sans le concours des
différens pouvoirs législatifs, et vota pour la réduc-
tion des membres de la cour de cassation ; dans les
cent jours, il fit partie de la commission chargée
de reviser les lois constitutionnelles ; enfin, dès
1820, il combattit toutes les mesures exceptionnelles qui furent présentées jusqu'à l'expiration de
son mandat. M. Lefebvre-Gineau fut privé, par le
ministère Villèle, de la place d'administrateur du
collége de France, place qu'il avait acquise par
ses talens et ses lumières. C'est le doyen d'âge de
nos députés.

LEGRIX-LASALLE,

[Gironde], — *côté gauche* (179).

Est un ancien membre du corps législatif et de
la chambre des représentans ; il s'est toujours fait
remarquer par la modération de ses principes et
son amour pour les institutions nationales. C'est
aux électeurs constitutionnels de Bordeaux que
l'honorable député doit sa nomination. Son vote
justifie leur choix.

13

LEMERCIER (le vicomte A.-L.),

[Orne], — *centre gauche* (134).

C'est le fils du pair de France de ce nom, et l'un des plus braves officiers de notre vieille armée. Parvenu au grade de lieutenant-colonel par une longue suite de brillants faits d'armes, il donna sa démission après la bataille de Waterloo. Il est, sous tous les rapports, digne de son vertueux père.

LEPELLETIER-D'AULNAY,

[Seine-et-Oise], — *centre gauche* (254).

Ce député s'est fait remarquer par son patriotisme et son attachement sincère aux libertés publiques. Voici comment il s'exprima dans la séance du 11 février 1828 à l'occasion des réclamations contre les fraudes électorales : « Tous les électeurs » veulent les Bourbons, soit par un sentiment de » sympathie, soit parce qu'ils croient des garanties » plus faciles à obtenir et à conserver avec d'an- » ciennes dynasties (*bravos universels*) ; ils veu- » lent le maintien de la paix, utile au développe- » ment de l'agriculture et de l'industrie ; mais cette » paix, ils la veulent honorable et utile ; ils ont agi » dans les intérêts de la chambre, qu'ils ne veulent » ni servile, ni factieuse, dont tous les membres » sont prêts à défendre les droits de la couronne » et de la liberté. (*Applaudissemens unanimes*). » La loyauté française, dans quelques rangs qu'elle » se trouve, réprouve la violence et la fraude :

» vous voulez qu'elles soient découvertes, vous y
» parviendrez en examinant sévèrement la conduite
» de l'administration... » M. Lepelletier d'Aulnay
n'a, depuis cette époque, laissé échapper aucune
occasion de manifester ses sentimens en faveur de
nos institutions. Il peut être considéré comme un
des flambeaux de la nouvelle chambre, où il siégeait
pour la première fois en 1828. Ce député a été
nommé récemment conseiller - d'État en service
ordinaire.

LÉPINE (le baron de),

[Nord], — *côté droit* (278).

C'est un homme de la trempe de M. Coffin Spins
qu'il remplace dans la députation de ce bon département du Nord. Élu par l'influence des montagnards de la congrégation, M. le baron de Lépine
fut d'abord ajourné, n'ayant point justifié de la possession annale, et ensuite admis. Il n'a encore pris
la parole que pour demander un congé, qui lui a
été accordé sans difficulté. Depuis, nous n'avons
plus entendu parler de lui.

LÉRIDANT (le colonel de),

[Morbihan], — *centre droit* (106).

Les services militaires de cet honorable nous sont
encore moins connus que ceux de l'amiral Halgan
et du général Laboëssière, ses collègues de députation. Tout ce que nous avons pu savoir sur lui,
c'est qu'il occupait la place de conseiller de pré—

fecture dans son département lorsque le ministère Villèle le présenta pour son candidat aux électeurs du grand collége du Morbihan, qu'il a été élu par l'influence du parti dont les vœux tendent à la ruine de nos institutions, et que M. le colonel de Léridant n'a pas encore répudié à la chambre la tache imprimée à sa candidature par la main du triumvirat.

LESERGEANT DE BAYENGHEN,

[Pas-de-Calais], — *centre droit* (199).

A été nommé par les amis des libertés publiques. Il remplace dans la députation du nord M. de Tramecourt, à qui son amour pour M. de Villèle a valu la pairie. M. Lesergeant, qui a paru pour la première fois en 1828 sur les bancs de la chambre élective, est un homme de bien, un vrai patriote.

LETISSIER,

[Indre-et-Loire], — *centre droit* (525).

Cet ancien ami du général Moreau est l'un des plus riches propriétaires de son département. Il a des antécédens peu favorables. Élu·en 1820, il vota pour le ministère destructeur de nos libertés. M. Letissier doit sa réélection à une déclaration de principes constitutionnels qu'il a faite à l'époque des dernières élections. Nous ne pensons pas que son vote soit en opposition avec des promesses aussi solennelles.

(197)

LEVAILLANT DE BOVENT,

[Oise], — *centre gauche* (133).

Il est l'ami du général Gérard et fut celui du vertueux Tronchon que la mort a ravi dernièrement
aux amis des libertés publiques : ses principes sont
les mêmes que ceux de ces honorables députés.
M. Levaillant a siégé pour la première fois en 1828.
Il est chevalier de Saint-Louis et officier de la légion d'honneur.

LEVISTE DE MONTBRIANT (le comte),

[Ain], — *centre droit* (492).

Membre de la chambre septennale où il a commencé sa carrière législative, cet honorable député
siégeait à droite et votait avec la contre-opposition.
Réélu par le département, qui déjà lui avait accordé
ses suffrages, il est demeuré fidèle à ses principes
qui sont pour le maintien de nos institutions. M. le
comte Leviste de Montbriant est chevalier de la légion d'honneur et membre du conseil général de
l'Ain.

LEYVAL (le marquis Augustin de),

[Puy-de-Dôme], — *centre gauche* (383).

Ce député, qui s'était déjà rendu cher à la France par les sentimens généreux qu'il avait manifestés dans la chambre vénale, a porté le coup de grâce au villélisme dans la séance du 13 février 1828. M. de Curzay, pour justifier la conduite arbitraire et scandaleuse de la dernière administration, s'était élevé contre les trames d'un prétendu comité directeur libéral. M. le marquis de Leyval, au milieu du tumulte que les assertions de ce préfet venaient d'exciter, monta à la tribune et prononça un discours dont nous extrairons quelques passages. « On me parle, dit-il, de trouble et de ré-
» volution. Ah! sans doute, j'ai en horreur le des-
» potisme et l'anarchie ; il m'a ravi mes parens, ma
» fortune ; mais s'il m'en est resté des impressions
» profondes, elles ne m'offusquent point le sens et
» la raison : des fantômes hideux ne sont pour moi
» que des fantômes. (*Applaudissemens prolongés*
» *à gauche.*) Cette révolution, où donc est-elle ? la
» Charte a tué le monstre, et ce n'est qu'en tuant
» la Charte qu'on peut le faire revivre. Il est des
» temps où les peuples veulent de l'anarchie, et
» peut-être ont besoin d'anarchie ; il en est d'autres
» où ils ont besoin de raison, et ne veulent que de
» la raison ; les voici venus pour la France. Tant
» de vicissitudes dans les événemens, tant de bonnes
» et de mauvaises fortunes, tant de joies étouffées
» à leur naissance, de triomphes suivis de promptes
» défaites, ont dissipé les fumées de l'ivresse po-

» litique. L'aménité naturelle de nos mœurs, nos
» habitudes bienveillantes et polies, ont rapproché
» des hommes ennuyés de se haïr. Dans leurs rap-
» ports, plus confians et plus faciles, les opinions
» se sont, par dégré, adoucies et confondues, et
» que dirai-je enfin? *le royalisme est devenu li-*
» *béral, et le libéralisme est devenu monar-*
» *chique.* »

LEYVAL (Félix de),

[Puy-de-Dôme], — *centre gauche* (379).

Frère du précédent, il partage ses opinions et
ses qualités personnelles. M. Félix de Leyval, qui
a siégé pour la première fois en 1828, n'a point
encore paru à la tribune.

LINGUAT DE SAINT-BLANQUAT (le che-
valier),

[Arriège], — *côté droit* (529).

Était préfet du Gers, et siégeait dans la chambre
vénale, où il n'a pas donné plus de preuves d'indépendance que dans la nouvelle. Cet honorable chevalier professe la plus haute estime pour M. de
Villèle, et vote avec le ministère actuel. Il vient
d'être nommé préfet de la Dordogne en remplacement de M. de Beaumont, appelé à la préfecture
d'Indre et Loire.

LORGERIL (le comte de),

[Ille-et-Vilaine], — *centre droit* (98).

C'est le maire de la ville de Rennes. Il a été nommé par la noblesse du pays, en remplacement de M. Corbières, ex-ministre de l'intérieur, porté à la chambre des pairs en même temps que ses dignes collègues, MM. de Villèle et Peyronnet. M. de Lorgeril n'a pas d'heureux antécédens. Membre de la chambre introuvable, il y appuya toutes les mesures violentes qui en provoquèrent la dissolution. Son ultracisme l'avait empêché d'être réélu depuis cette époque : il ne l'a emporté, aux dernières élections, que de quelques voix sur M. de Formon, candidat des constitutionnels. Son admission a donné lieu à de justes contestations... mais enfin on l'a prononcée, et quoique des formalités tutélaires aient été quelque peu négligées au collége électoral de Rennes, M. de Lorgeril n'en siége pas moins comme si tout s'était passé régulièrement. Ajoutons qu'il est officier de la légion d'honneur.

LORIMIER (de),

[Manche], — *côté droit* (116).

Cet honnête député a fait partie du bataillon des trois cents de la chambre Villèle. Il est aussi bon Français, et parlerait tout aussi bien sa langue, s'il voulait s'en donner la peine, que M. Sirieys de Mayrinhac ; cependant son admission, comme celle de l'ex-directeur de l'agriculture et du commerce, n'a été prononcée que par une majorité peu *con-*

séquente. Privés de renseignemens sur M. de Lorimier, c'est en vain que nous en avons demandé à des personnes du département qui vient de le porter pour la seconde fois à la chambre élective. Eh bien, le croirait-on? M. de Lorimier y est aussi peu connu qu'il le serait au palais Bourbon et du reste de la France, sans la discussion qui s'est élevée sur la validité de sa nomination. Tout ce que nous avons pu savoir, c'est que M. de Lorimier ayant, dit-on, demandé la voix d'un sien collègue de députation dans cette circonstance, celui-ci lui répondit : « Nous n'avons pas servi dans les mêmes » rangs, je ne vous connais pas. » Le député à qui l'on attribue ce propos, est l'un des plus braves officiers de cette vieille garde, dont les exploits ont effacé tout ce que l'histoire a pu nous transmettre de plus héroïque.

LOUIS (le baron),

[Seine], — *centre gauche* (138).

Il est né à Toul, en 1755. Conseiller-clerc au parlement de Paris lorsque la révolution éclata, Louis en adopta les principes avec modération. Le 14 juillet 1790, jour de la première fédération, il assista, en qualité de diacre, l'évêque d'Autun (Talleyrand) à la messe qui fut célébrée au champ de Mars. Chargé bientôt après par Louis XVI, de diverses missions diplomatiques, et particulièrement d'une négociation avec la Suède, il les remplit avec autant de zèle que de loyauté. Après le 10 août il émigra, et ne rentra en France qu'au 18 brumaire. Louis fut successivement employé au ministère de la guerre et à la chancellerie de la légion d'honneur; devint maître des requêtes au conseil d'État, et en 1810, président du conseil de liquidation de Hollande, puis administrateur du trésor public, sous le ministre Mollien. Talleyrand, élevé à la présidence du gouvernement provisoire en 1814, chargea le baron Louis du portefeuille des finances, et le Roi le maintint dans ces fonctions jusqu'au retour de Napoléon de l'île d'Elbe. Alors il suivit Louis XVIII à Gand, rentra au ministère à la seconde restauration, et perdit son portefeuille pour n'avoir pas voulu signer le désastreux traité de Paris. Il fut remplacé par Corvetto. Une ordonnance royale rappela en 1818, le baron Louis au ministère des finances; mais en 1819 il fut de nouveau victime des combinaisons de M. Decazes, président du conseil, pour s'être refusé à souscrire aux violations de la Charte. Appelé à la chambre des députés par le département de la Meurthe, il repoussa les lois d'exception de 1820, etc. Réélu en 1822 par le département de la Seine, il vota constamment avec le côté gauche. M. le baron Louis n'a point siégé dans la chambre septennale. En 1823, cet honorable député ayant réclamé le secret des votes dans les élections de cette époque, il fut rayé par Villèle de la liste des ministres d'État. Cette injustice le rendit encore plus cher aux amis des libertés publiques; aussi, après la dissolution de la chambre vénale, ce vertueux citoyen a été nommé député par deux départemens: optant pour celui de la Seine, il a repris la place qu'il avait occupée parmi les courageux défenseurs des institutions nationales.

LOUIS-BAZILE ,

[Côte-d'Or], — *côté gauche* (127).

Ce député, qui a siégé pour la première fois
en 1828, est une excellente acquisition pour la
chambre. Son patriotisme bien connu nous garantit
la constitutionalité de ses votes. Il s'appelait autrefois Louis, et ce n'est que depuis son mariage avec
mademoiselle Bazile qu'il a été autorisé à prendre
le nom d'une famille qui n'est pas moins recommandable que celle de l'honorable député.

LUGAT (de),

[Lot-et-Garonne], — *côté droit.*

Royaliste de bonne foi, homme cher à son département par ses vertus privées et les généreux
sentimens qu'il professe. Le ministère Villèle a tout
fait pour empêcher la nomination de ce loyal député;
il eût préféré qu'on renvoyât au palais Bourbon
cet honnête M. Becays de la Caussade, dont il
faisait ce qu'il voulait avec des diners et des faveurs.
Le triomphe de M. de Lugat est d'autant plus honorable, qu'il est le résultat de la réunion des deux
oppositions. Ce député est maire de la ville d'Agen.

LUR-SALUCES (le comte Eugène de),

[Gironde], — *côté droit.*

Il a fait oublier dans la chambre vénale les opinions exagérées qu'il émit parmi les introuvables

de la seconde restauration. M. de Lur-Saluces est un officier des gardes du corps, qui ne jouit pas d'une très-bonne santé. Il était secrétaire de la nouvelle chambre pendant la session 1828.

LUSSY (de),

[Hautes-Pyrénées], — *centre droit* (453).

La famille de Lussy, originaire des Hautes-Pyrénées, compte plusieurs ancêtres qui se sont distingués dans la carrière des armes. Aujourd'hui encore la garde royale compte parmi ses plus braves officiers, un frère de l'honorable député, M. Joseph de Lussy, qui, après avoir combattu sous Napoléon, dans les champs de Salamanque, de Talaveyra et de Waterloo, où il reçut plusieurs blessures, a été nommé capitaine adjudant major dans le 3ᵉ régiment d'infanterie, au mois d'avril 1828. M. de Lussy, que le grand collège de Pau a choisi pour son député aux dernières élections, est avocat-général à la cour royale de cette ville. Il est doué d'une ame forte, mais sensible et remplie des sentimens les plus philantropiques ; ami de l'équité, on le vit toujours sévir contre le crime, mais jamais il n'excita les passions contre des malheureux que la loi seule doit frapper. M. de Lussy n'avait fait partie d'aucune législature avant celle de 1828, où il ne s'est point départi de son caractère, et tout fait espérer qu'il répondra jusqu'à l'expiration de son mandat, aux vœux de ses commettans.

Au mois de novembre dernier, dans l'audience de rentrée de la cour de Pau, M. de Lussy a prononcé un discours dans lequel il a établi cette grande vérité, que le plus beau titre d'un magistrat à la confiance du prince et à la reconnaissance du peuple, est une religieuse fidélité dans l'exécution des lois. « Gardien vigilant du dépôt sacré de nos » droits publics, a dit l'orateur, il leur imprime le » mouvement et la vie ; ils périraient sans lui, en » butte aux excès de la licence ou aux empié- » temens du pouvoir arbitraire. Placé entre le » peuple qui obéit, et le souverain qui com- » mande, il est le modérateur de l'un, le conseil » de l'autre, le lien qui les unit tous deux. C'est » sous l'égide de son autorité seule que la liberté » publique fleurit et prospère, que naît et se fortifie » l'amour du pays, que se développe *l'esprit pu-* » *blic, ce puissant levier des sociétés modernes.* » L'homme ne s'attache aux lois de son pays que » lorsqu'il a la certitude qu'elles ne seront pas im- » punément violées ; il les dédaigne, il les méprise » au contraire, s'il voit, qu'instrumens et jouets » de l'ambition, de l'intrigue et de la faveur, elles » sont enfreintes et méconnues ; et au sentiment de » joie et de sécurité que lui causait un pouvoir » tutélaire et protecteur, succède tout à coup celui » de sa faiblesse et de sa nullité. »

LYLE TAULANE (le marquis de),

[Var], — *centre droit* (404).

Maire de la Martre, et collègue de députation de MM. Baron et Chateaudouble, dont il partage les opinions. M. de Lyle Taulane a fait partie de la chambre servile, où il votait avec les commen- saux de M. Piet, c'est-à-dire pour toutes les mesures contraires aux progrès de notre civilisation et de la prospérité publique. Nous ne nous sommes pas aperçus depuis l'ouverture de la nouvelle chambre, que ses principes aient subi la moindre modification.

M.

MAILLE,

[Seine-Inférieure], — *côté gauche* (189).

C'est à la haute considération que lui ont acquise ses vertus et son patriotisme, qu'il doit sa nomination. M. Maille a siégé pour la première fois en 1828. Son vote répond dignement à la confiance dont l'ont honoré les électeurs constitutionnels du grand collége de son département.

MALLARD DE LAVARENDE,

[Eure], — *côté droit* (406).

Il avait remplacé dans la chambre servile l'honnête M. Lisot, qu'il plut au bon Dieu d'appeler à lui pendant la durée de son mandat. Comme son prédécesseur, M. Mallard de Lavarende s'est prononcé pour le système déplorable de nos triumvirs. Réélu par l'influence de ces derniers, il est resté fidèle à ses principes. MM. Ravez et de Labourdonnaie n'ont pas de soldat plus dévoué que lui, et il est probable que nous le verrons surgir dans quelque préfecture, si ces honorables arrivent au pouvoir. Nous devons ajouter que l'admission de M. Mallard de Lavarende a donné lieu à une forte discussion. Quoique cette admission ait été prononcée, il n'en est pas moins demeuré constant que *M. Raymond Delaitre, préfet de l'Eure, s'est efforcé depuis 1820, de fausser la conscience des électeurs, et de s'emparer des élections au profit d'un ministère corrupteur.* (Voir la séance du 11 février 1828.)

MARCHAL,

[Meurthe], — *extrême gauche* (70).

C'est un ancien notaire de Nancy, qui jouit de 40,000 francs de rentes, dont il fait le plus noble usage. Cet honorable député n'avait point encore siégé. Dans les séances du 18 février et du 17 mars 1828, il s'est élevé courageusement contre les manœuvres de l'ancienne administration, à l'occasion de l'élection de M. de Jankowitz, et les a flétries de sa brûlante éloquence. « Espérons, a-t-il dit, » que nous ne verrons plus se renouveler ces » honteuses récompenses, prix d'un honteux succès. » Faisons des vœux pour que des améliorations » dans l'administration locale, assurent la liberté » des élections, et pour que les communes soient » affranchies de la servitude administrative comme » elles le furent jadis de la servitude féodale. » M. Marchal prend part à toutes les discussions d'intérêt public.

MARCHAND COLLIN,

[Moselle], — centre droit (460).

Receveur particulier de contributions, il vise à
une recette générale, que tout son dévouement
pour nos triumvirs, dans la chambre vénale, n'a pu
lui procurer. Il est fâcheux pour lui que **M.** le
comte Roy ne suive pas le système de l'ex-président
du conseil... Mais patience! il faudra bien qu'on
rappelle au pouvoir ce grand homme d'État, ce
vertueux Villèle, à qui la France a tant d'obligations, et alors... Patience !

MARCHEGAY DE LOUSIGNY,

[Vendée], — coté gauche (121).

Il fut nommé député en 1821, et siégea jusqu'en
1825 parmi les défenseurs de nos libertés. M. Mar-
chegay de Lousigny n'a point fait partie de la
chambre Villèle. Réélu par le grand collége de la
Vendée, il a repris son poste. La liberté, l'honneur
national n'ont pas d'ami plus sincère et plus dévoué.

MARGADEL (le chevalier LOUIS-JOSEPH de),

[Morbihan], — extrême droite (223).

Il est né en 1771, et était major d'infanterie
lorsqu'il lui plut d'émigrer. Ce noble chevalier a
fait partie de l'expédition de Quiberon, et combattu

dans les rangs de l'armée vendéenne. Après la pacification des provinces de l'ouest, il se maria en Bretagne, et y vécut paisiblement jusqu'en 1815, époque à laquelle il essaya, à la tête d'un bataillon, de lutter contre la fortune de Napoléon. Membre de la chambre introuvable, il vota avec les ultra. Réélu en 1821 et en 1824, il s'est constamment prononcé pour les mesures contraires à l'intérêt national et aux libertés publiques. On assure que vers la fin de la dernière session, il avait fort envie de déserter les drapeaux de Villèle. Quoi qu'il en soit, cet honnête Breton a maintenant pour chefs de file MM. Ravez et Labourdonnaie. C'est un homme grand, sec, d'une mise peu soignée, et qui a, dit-on, plusieurs filles à marier.

MARMIER (le marquis de),

[Vosges], — *côté gauche* (426).

C'est le gendre du vertueux duc de Choiseul, que la chambre des pairs compte parmi ses honorables membres, et qui a donné aux libertés publiques et à l'humanité, tant de gages de sa noble sollicitude. M. Marmier était digne d'une telle alliance.

MARTEL,

[Gironde], — *côté gauche* (240).

Ce député, qu'a élu le collége de Libourne, par suite de l'option de M. de Saint-Aulaire, pour la la Meuse, est un ancien fabricant d'eau-de-vie de

Cognac, retiré. On assure qu'il ne manque pas d'*esprit*, et qu'il défendra avec énergie les intérêts du commerce. Il avait pour concurrent un homme de cinq pieds six pouces, M. Saget, avocat distingué et non moins patriote que l'honorable membre. M. Martel professe la religion réformée, et c'est pour la première fois qu'il a obtenu les honneurs de la législature.

MARTIGNAC (le vicomte de),

[Lot-et-Garonne], — (16).

Ministre de l'intérieur, était simple avocat à Bordeaux en 1814; il débuta dans la carrière des honneurs à la seconde restauration. Le Roi le décora de l'étoile des braves, pour la *belle conduite* qu'il avait tenue à Bordeaux pendant les cent jours, et le nomma bientôt après son procureur-général près la cour royale de Limoges. En 1823 il fut envoyé à l'armée d'Espagne, en qualité de commissaire civil du Roi, auprès du prince généralissime, et promu à la dignité de ministre d'Etat, à son retour. Le département de Lot-et-Garonne l'ayant porté à la chambre des députés, M. de Martignac y soutint malheureusement avec trop de talent et d'éloquence, les désastreux projets du dernier ministère. Ces fâcheux antécédens ont inspiré des craintes lorsqu'on a vu passer entre ses mains le portefeuille du comte Corbières : ces craintes n'ont point encore cessé malgré ses *protestations de loyauté*, et quelques actions généreuses qui honorent son caractère. M. de Martignac, par un sentiment qu'on ne peut définir, semble avoir toujours deux objets en vue,

lorsqu'il monte à la tribune ; le premier, c'est d'atténuer les fraudes de l'ex-triumvirat ; le second, d'acquérir la bienveillance des montagnards de la congrégation, en épousant les inimitiés de Mont-Rouge et
de Saint-Acheul. Nous pensons que M. de Martignac
est animé de bonnes intentions ; mais pourquoi ces
réticences, ces ménagemens envers des individus
que l'opinion publique réprouve ? Seraient-ils une
des conditions de son avènement au ministère ?
Dans ce cas, les défiances dont il est l'objet seraient
très-légitimes, et dès-lors les amis du régime
constitutionnel ne sauraient trop se hâter de pro-
voquer sa déchéance ; mais si au contraire, comme
on se plaît à le croire, M. de Martignac ne subit
qu'à regret l'influence du parti puissant qui domine
les conseils du trône, qu'il ait le courage de s'en
affranchir, et il trouvera dans l'estime de tous les
vrais Français, le prix d'un noble dévouement.

MARTIN,

[Seine-Inférieure], — *côté gauche* (177).

Riche négociant de Rouen, que les électeurs de
cette ville ont nommé par suite de l'option de
M. Bignon, pour le département de l'Eure. M. Martin, sous le dernier ministère, ouvrit sa maison aux
électeurs, et donna le premier à Rouen, l'idée de
ces réunions préparatoires qui ont valu au pays la
plupart des nominations dont il s'applaudit. Cet
honorable député représente dignement les intérêts
d'une ville toute industrielle. Il avait pour concurrent M. de Martainville qui, malgré tous les efforts
des Villélistes, n'a pu réunir que cent cinquante-une

voix sur neuf cent quatre-vingt-trois. **M.** Martin en a obtenu sept cent soixante-dix !

MAUGUIN,

[Côte-d'Or], — *côté gauche* (10). .

L'un des avocats les plus distingués du barreau de Paris, et des défenseurs les plus éloquens des libertés publiques. **M.** Mauguin a plaidé plusieurs causes célèbres, où il s'est acquis une brillante réputation. Dans un mémoire publié lors de l'affaire Ouvrard, il prouva d'une manière péremptoire que la scandaleuse dilapidation des fonds publics, pendant la dernière guerre d'Espagne, était l'ouvrage d'un traitant. Cet orateur a l'esprit fin et caustique ; ses argumentations sont pressantes, et la complication des faits ne sert qu'à faire mieux ressortir la justesse de ses idées et l'énergie de son caractère. **M.** Mauguin n'avait point encore été appelé à la législature, et c'est avec joie qu'on l'y a vu porter à la fois par les départemens de la Côte-d'or et des deux Sèvres : il a opté pour le premier.

MAULEON (le vicomte de),

[Gers], — *côté droit* (203).

Il est un peu moins villéliste que l'honorable **M.** de Gallard, dont les électeurs du Gers n'ont plus voulu pour représentant. **M.** le vicomte de Mauléon, qui siégeait pour la première fois en 1818, est demeuré jusqu'à présent inaperçu parmi nos législateurs.

MAUSSION D'ARENCY (le comte de),

[Aisne], — côté droit (211).

Lors des dernières élections, on l'avait qualifié de ministériel ; il repoussa ce titre comme injurieux, et déclara dans un banquet qu'il s'unirait de cœur et de principes à ses collègues, pour le maintien du trône constitutionnel, de la Charte et des libertés publiques, protestant qu'il était à jamais *dévoué à une cause si noble et si juste.* Cependant il a combattu la proposition de M. de Jankowitz, sous prétexte qu'elle pourrait entretenir dans le peuple de fâcheuses préventions ; qu'elle flétrirait les législatures précédentes et les législatures à venir ; qu'enfin elle éloignerait de la chambre élective et le père de famille, et le magistrat et le militaire, etc. Est-il beaucoup de villélistes qui eussent parlé autrement ?

MEAUX (de),

[Loire], — centre droit (521).

L'un des introuvables de 1815, et des trois cents de la chambre vénale. Ce député n'est pas toujours très-poli. Dans la séance du 15 mars, on procédait à l'appel nominal, pour décider si l'élection de M. Garnier du Fougeray serait annulée. M. Ravez prévint l'assemblée que des boules venaient d'être enlevées par des députés qui n'avaient point encore été appelés. M. de Meaux monte à la tribune, et s'écrie : « Ce que dit M. le président n'est pas vrai,

» et... » Les cris à l'ordre interrompent l'orateur, qui ajoute : « Je n'ai pris que deux boules, l'une » noire, l'autre blanche, qui m'ont été données » par M. le secrétaire. » *A gauche :* « Mais vous » n'avez pas été appelé, et vous avez voté..... » A l'ordre ! à l'ordre ! » M. de Meaux retourna tranquillement à sa place, et son rappel à l'ordre ne fut point prononcé, car M. le président ne voulut pas le mettre aux voix. M. de Meaux est maire de Montbrison.

MÉCHIN (le baron ALEXANDRE-EDME),

[Aisne], — *côté gauche* (8).

Naquit à Paris en 1772, et était avocat au moment de la révolution, dont il adopta les principes régénérateurs. Proscrit après le 31 mai 1793, il ne reparut qu'au 9 thermidor, époque à laquelle l'honorable membre se présenta à la convention, à la tête de quarante mille citoyens, pour exprimer l'horreur qu'inspirait le parti sanguinaire dont quelques monstres voulaient perpétuer les atrocités. En 1795, il remplit avec Fréron, une mission de paix dans le midi. Nommé commissaire du directoire à Malte, en 1798, M. Méchin se rendait à son poste, lorsqu'il fut assailli à Viterbe, par une populace furieuse, qu'appuyait la nouvelle de l'arrivée des armées russe et napolitaine : il dut la vie au dévouement du cardinal-évêque Musio-Gallo. Le 18 brumaire, dont il fut un des approbateurs, lui ouvrit la carrière administrative. Il fut nommé successivement préfet des Landes, de la Roër, de l'Aisne et du Calvados. Destitué à la restauration, Napoléon le nomma, en 1815, préfet d'Ille-et-Villaine. Le second retour du Roi le rendit à la vie privée. En 1816, il ouvrit à Paris un cabinet de banque et d'agence. Élu député de l'Aisne en 1819, réélu en 1824 et en 1827, par le même département, M. Méchin a acquis dans chaque session de nouveaux titres à la reconnaissance des amis de la liberté. Il a voté pour l'admission de Grégoire, et contre toutes les lois d'exception. Lors des outrages faits à Chauvelin et autres députés constitutionnels, il demanda que les délibérations de la chambre fussent suspendues, et dénonça le surlendemain les dragons de la garde royale, pour avoir sabré des citoyens paisibles. Dans la dernière chambre il a repoussé toutes les propositions anti-nationales qui ont excité l'indignation publique. M. Méchin a une éloquence dure, mais expressive ; ses discours provoquent souvent des rumeurs au côté droit. Il est auteur d'une excellente traduction en vers de Juvénal. Ce député a épousé la fille de M. Raoulx, ancien inspecteur-général de la maison de *Mesdames*, tantes de Louis XVI, l'une des plus belles femmes de son temps.

MEFFRAY (le comte de),

[Isère], — *centre droit* (332).

Il joint à toutes les vertus privées qui l'ont rendu cher à ses compatriotes, un dévouement sans bornes à la monarchie des Bourbons, et un attachement sincère aux libertés consacrées par la Charte. M. de Meffray siégeait dans la chambre Villèle ; il a été réélu par suite de l'option de M. Augustin Perrier, pour la ville de Grenoble. Il avait pour concurrens

MM. Duchesne , ancien représentant, et Charreton, candidats non moins dignes que lui de la représentation nationale.

MERCIER (le baron),

[Orne], — côté gauche (183).

Ancien maire d'Alençon , et le plus riche manufacturier de l'Orne. Il a siégé dans la chambre des cent jours. M. le baron Mercier avait pour concurrent aux dernières élections, le maire actuel d'Alençon, M. de Chambray, ancien sous-préfet qui, après avoir plié le genou devant Napoléon, lors du passage de ce prince à Alençon, s'est jeté à corps perdu dans le parti congréganiste.

MESTADIER ,

[Creuse], — centre droit (49).

Ancien avocat-général à Limoges, aujourd'hui conseiller près la cour de cassation, a paru pour la première fois à la chambre des députés en 1817, et depuis il n'a pas cessé d'y être appelé. Sous le ministère Siméon et Pasquier, on l'avait surnommé le *chevalier de la question préalable*. C'est l'homme aux amendemens ; il en propose à tous les articles des projets de loi soumis à la discussion. Du reste M. Mestadier, quoique partisan de l'aristocratie, professe des opinions assez modérées. Dans la chambre servile il a parlé et voté contre la loi vandale. Nous regrettons de l'avoir vu combattre, dans la nouvelle chambre, le projet de loi relatif à la formation des listes électorales.

METZ (de),

[Meurthe], — *centre gauche* (192).

C'est un magistrat justement vénéré, que le grand collège de Nancy a envoyé pour la première fois en 1827 à la chambre élective. M. de Metz a donné, pendant la session 1828, des gages de son amour pour nos institutions. Il remplit les fonctions de président de chambre à la cour royale de Nancy.

MICHEL (de Saint-Albin),

[Moselle], — *centre droit* (201).

Receveur général à Metz, élu sous l'influence de M. de Villèle, s'appelait autrefois, dit-on, Michel tout court. Le nom de cet honorable, peu connu avant les dernières élections, ne le serait guères plus depuis, sans un procès assez plaisant, dont tous les journaux de la capitale ont entretenu leurs lecteurs. Il s'agissait de 1,800 francs, réclamés par le sieur Klopp, aubergiste à Sarreguemines, pour avoir préparé le diner électoral, donné par le candidat financier, dans cette occasion solennelle. M. Michel trouva la somme exorbitante, car au lieu de cent convives qu'il attendait, il ne s'en présenta que vingt-trois; l'honnête receveur-général, d'après l'estimation de son cuisinier ordinaire, crut que 120 francs étaient plus que suffisans pour solder la dépense; mais l'aubergiste ne voulut pas rabattre un sou du prix qu'il avait demandé, offrant de prouver que vingt-trois électeurs ministériels mangent autant que cent. Cette contestation fut portée devant les tribunaux, et les prétentions de M. Klopp ont été réduites à 421 francs. M. Michel de Saint-Albin n'avait pas eu l'honneur de siéger parmi nos représentans, avant l'ouverture de la nouvelle chambre septennale.

MIGEON,

[Haut-Rhin],—*côté gauche* (366).

Riche manufacturier, citoyen dévoué au maintien des institutions libérales. Sa carrière législative a commencé en 1828.

MIRANDOL (le comte de),

[Dordogne], — *côté droit* (283).

Est né en 1759. Il entra au service en 1777, dans le régiment royal Picardie, émigra en 1791, et rentra en France après le 18 brumaire. Cet honnête royaliste fut envoyé à la chambre *introuvable*, où il vota avec les partisans des mesures violentes. Réélu en 1816, il exprima de vifs regrets sur la suppression de la commission chargée d'examiner la conduite des officiers pendant les *cent jours*. Après l'expiration de son mandat, il rentra dans l'obscurité de la vie privée, et ne reparut à la chambre élective qu'à la faveur de la loi du double vote. Dans la chambre servile, il ne vota point pour le ministère Villèle; mais, d'après ses antécédens, nous ne saurions attribuer son opposition à un retour vers des principes constitutionnels. M. le comte de Mirandol tient trop aux priviléges, pour faire des concessions aux idées nouvelles.

MONCEAUX (le comte de),

[Manche], — *côté droit* (158).

Cet ancien officier d'artillerie n'a dirigé des pièces que contre nos institutions. Membre de la chambre vénale, il a voté pour la loi du sacrilége, pour l'indemnité, pour la conversion des rentes, pour le droit d'aînesse et pour la loi vandale. M. le comte de Monceaux est maire de sa commune, chevalier de Saint-Louis et de la légion d'honneur.

MONTBEL (de),

[Haute-Garonne], — *côté droit* (111).

Est un des gentilshommes de la chambre du Roi. Elu en 1827, par les congréganistes de Toulouse, il n'est monté à la tribune que pour défendre les actes du triumvirat. Ce député ne manque pas d'esprit ni de talens ; mais il est fàcheux qu'il ne s'en serve que contre les intérêts nationaux. M. de Montbel a siégé dans la chambre introuvable, et faisait partie de cette effrayante majorité, dont les efforts ne tendaient qu'à ramener la France sous la verge féodale.

MONTBOURCHER (le comte de),

[Ille-et-Vilaine], — *centre droit* (452).

Cet honorable comte n'avait fait partie d'aucune législature avant la nouvelle chambre. Il a été nommé député en 1827, par le grand collége de Rennes, contre le gré du triumvirat. C'est le seul titre que nous lui connaissions.

MONTBRON (le comte de),

[Haute-Vienne], — *centre droit* (515).

Ce chevalier est l'un des vétérans de l'armée de Condé. Il a fait partie de l'expédition de Quiberon, qui eut un si triste résultat, publié un poème, sous le titre des Scandinaves, qui n'eut pas plus de succès que cette expédition, et voté avec le ministère vandale, dans la chambre servile. Ce gentilhomme limousin est membre du conseil général de son département.

MONTSAULNIN (le comte de),

[Cher], — *centre droit* (520).

Il est à la fois ami du trône, de la Charte et des libertés publiques. Il a été élu en 1827, au grand collége de Bourges, par la réunion des deux oppositions au système du triumvirat. La carrière législative du noble comte a commencé en 1828.

MOREL (Benjamin),

[Nord], — centre gauche (94).

A été élu par le commerce de Dunkerque, où il jouit de la réputation méritée d'homme probe, éclairé et loyalement attaché aux intérêts de sa patrie. M. Morel remplace, dans la députation du Nord, M. Merlin de Beaugrenier, qui a acquis, par sa souplesse et ses votes anti-nationaux, la croix de la légion d'honneur pour lui, et la recette de Valenciennes pour son fils, au préjudice, dit-on, du chef d'une famille de vingt-un enfans.

MORNAC (le comte de),

[Vendée], — côté droit (337).

C'est le seul villéliste qui figure dans la députation de la Vendée. Mieux eût vallu réélire le vicomte de Lézardière, qui, malgré son amour pour les priviléges, parlait quelquefois en faveur de nos libertés. M. de Mornac est peu connu dans son département; il l'est encore moins dans la chambre, où il ne siége que depuis 1828.

MOSTUÉJOULS (le vicomte Amédée de),

[Aveyron], — côté droit (169).

C'est le frère de M. le comte de Mostuéjouls, que M. de Villèle a transporté de la chambre servile à la chambre héréditaire. Le noble vicomte pense comme son frère, et n'a pas plus de talens oratoires que lui. Il avait d'abord été ajourné comme n'ayant pas produit toutes les pièces nécessaires pour valider son élection.

MOUSSAYE (le marquis de la),

[Côtes-du-Nord], — *centre droit* (198).

Ambassadeur en Bavière. Son poste et ses amis lui supposent des connaissances diplomatiques ; cependant il n'a jamais pris la parole à la chambre des députés, où il siége depuis la loi du double vote. M. le marquis de la Moussaye a marché constamment avec le ministère Villèle ; il ne se prononcera pour le nouveau que lorsqu'il aura perdu l'espoir de revoir le feu triumvirat à la tête des affaires.

MOUTON (Georges comte de Lobau),

[Meurthe], — *centre gauche* (9:).

M. le lieutenant-général comte de Lobau est né le 21 février 1770, à Phalsbourg. Il fut d'abord destiné au commerce ; mais en 1792, jaloux de contribuer à la défense de la patrie, qu'envahissaient les puissances étrangères, il s'enrôla volontairement dans la légion de la Meurthe, et gagna ses premiers grades dans l'armée du Rhin. Devenu aide-de-camp de Championnet, il fit avec cet illustre général, les glorieuses campagnes d'Italie, en 1798 et 1799. Après la bataille de Novi, Mouton fut nommé colonel du 65e régiment d'infanterie de ligne. Ce régiment fut un de ceux qui concoururent à la défense de Gênes ; il prit part à tous les combats qui précédèrent la prise de cette ville. A celui de la Verreria, il fit deux mille prisonniers, prit plusieurs pièces de canon et six drapeaux. A l'attaque du fort Quezzi, ce brave reçut une balle à travers le corps. Rentré en France avec son régiment, Napoléon, satisfait de sa noble conduite, le choisit pour un de ses aides-de-camp, et le nomma général de brigade. Mouton l'accompagna en cette qualité, dans toutes ses campagnes. Blessé le 14 juin 1807, dans la fameuse journée de Friedland, il fut nommé général de division, et envoyé en cette qualité, en Espagne, sous les ordres du maréchal Bessières. C'est lui qui, en enlevant à la baïonnette la ville de Medina, décida la victoire de Medina del-Rio-Secco. Le 10 novembre, il ouvrit à Napoléon les portes de Burgos, par de nouveaux triomphes. Dans la campagne de 1809, en Allemagne, il contribua puissamment aux brillans trophées d'Eckmulh, par un de ces traits hardis qui caractérisent nos vieux guerriers. La veille de cette mémorable journée, il passa, à la tête du 17ᵉ régiment de ligne, un pont que le général Hilaire venait de faire incendier après l'avoir traversé pour opérer sa jonction avec l'armée du prince Charles ; cette audacieuse action eut pour résultat la séparation des deux armées ennemies. Le 21 mai, il fit des prodiges de valeur à Esling, et acquit, par ses habiles dispositions pendant le séjour de l'armée française dans une île du Danube, le titre de comte de Lobau. Mouton ne se signala pas moins dans la désastreuse campagne de Russie, en 1812, et dans celle de Saxe, en 1813, où il fut fait prisonnier malgré la foi des traités. Envoyé en Hongrie, il revit sa patrie en 1814. Le Roi ne l'employa point. Dans les cent jours, Napoléon le nomma commandant de la 1re division militaire (Paris). Chef du 6e corps à l'armée du Nord, il soutint long-temps à Waterloo les efforts de trente mille Prussiens aux ordres de Bulow. Forcé de céder, il fut fait prisonnier, et envoyé en Angleterre. A la seconde restauration, le comte de Lobau fut compris dans la liste des trente-huit à qui l'ordonnance du 14 juillet interdisait le séjour de la France. Il passa le temps de son exil en Belgique, et revit enfin sa patrie vers la fin de 1818. Retiré depuis cette époque, ce général vécut dans l'oubli jusqu'au moment des dernières élections. Honneur, reconnaissance aux électeurs de Lunéville, qui ont choisi pour représentant un des hommes dont la France s'enorgueillit, et qui défend nos libertés à la chambre élective, avec le même courage qu'il déploya sur les champs de bataille.

MOYNE,

[Saône-et-Loire], — *côté gauche* (126).

Avocat distingué du barreau de Châlons-sur-Saône, connu par son ardent amour pour nos libertés. Il a été élu en remplacement de M. Chardonnet, dont la nomination vicieuse fut annulée par la chambre. M. Moyne n'avait point encore eu les honneurs de la législature.

N.

NOAILLES (le comte ALEXIS de),

[Corrèze], — *extrême droite* (250).

Né à Paris, le 1er juin 1783, fut emprisonné sous le gouvernement impérial, comme accusé d'avoir participé à la distribution de la bulle lancée par Pie VII contre Napoléon, puis exilé comme ayant été porté par Mallet, sur la liste des membres de son gouvernement provisoire. Après avoir erré long-temps en Suisse, en Allemagne, en Russie et en Suède, le comte Alexis de Noailles alla offrir ses services à Louis XVIII, qui habitait alors Hartwell. Ce prince l'envoya en Suède, où il devint aide-de-camp de Bernadotte, et ne rentra en France qu'avec les alliés, dans les rangs desquels il combattit à Brienne et à La Fère-Champenoise. Aide-de-camp du comte d'Artois, aujourd'hui Charles X, il fut nommé, peu de jours après la première restauration, commissaire du Roi dans la 19e division militaire, puis ministre plénipotentiaire à Vienne, et assista au congrès avec le prince de Talleyrand, son collègue. En 1815, le département de l'Oise le choisit pour un de ses députés, et il vota avec la majorité de cette déplorable époque. Depuis la dissolution de la chambre introuvable, M. Alexis de Noailles avait cessé de figurer parmi nos législateurs. Il ne reparut au palais Bourbon qu'en 1824. Par une erreur qu'il a courageusement rachetée, cet honorable membre marcha quelque temps avec le ministère Villèle ; mais, se séparant tout-à-coup d'une cause qui ne tendait qu'au bouleversement de la monarchie, il repoussa la loi Peyronnet, vota contre le budjet, et reconnut le déficit proclamé par Laffitte. M. le comte Alexis de Noailles a reçu l'éducation la plus soignée ; il parle facilement plusieurs langues ; son éloquence est mâle et persuasive. Pendant la session de 1828 il perdit un de ses enfans. Cet événement l'empêcha de coopérer au travail de la commission chargée d'examiner le projet de loi concernant les journaux.

NOGARET,

[Aveyron], — côté gauche (296).

Est né à Saint-Laurent, département de la Lozère, où il possède, ainsi que dans celui de l'Hérault, de vastes propriétés. C'est un ancien membre du conseil des Cinq cents et du corps législatif. Préfet de l'Hérault sous le régime impérial, il s'était démis de cette place long-temps avant la restauration, et avait dès-lors disparu de l'horizon politique. M. Nogaret, récemment élu à Milhau, remplace M. Dubruel, mort depuis l'ouverture de la nouvelle chambre. Il avait pour compétiteur M. Clausel de Coussergues.

O.

OBERKAMPF (le baron),

[Seine-et Oise], — *centre gauche* (255).

Possède, à Jouy, une des plus riches et des plus belles manufactures de l'Europe. Ce député, qui a siégé pour la première fois en 1828, pense et vote comme M. le comte de Lameth, son collègue de députation.

ODIER,

[Seine], — *centre gauche* (48).

Négociant estimé, tant par sa sévère probité que par ses connaissances industrielles. Dévoué aux intérêts nationaux, il vote pour le maintien de la Charte et des libertés qu'elle a consacrées. M. Odier n'avait point encore siégé avant 1828.

P.

PAILLARD-DUCLÉRÉ (Constant),

[Mayenne], — *côté gauche* (297).

C'est un maître de forges, dont on évalue la fortune à 100,000 francs de rente, et qui n'a jamais rempli de fonctions publiques, si ce n'est celle de maire de la petite commune d'Olivet, où sont situées les forges qu'il dirige. M. Paillard-Ducléré fut nommé député en 1817, siégea jusqu'en 1824 et vota contre toutes les lois d'exception. Il a été réélu en 1828, en remplacement de M. de Farcy, mort pendant cette session.

PANAT (le vicomte de),

[Gers], — *centre droit* (50).

Lors des dernières élections, ce noble vicomte avait pour concurrent M. de Galard-Terraube, l'un des trois cents de la chambre Villèle. Craignant de ne point être nommé, il dit de vive voix, et écrivit à plusieurs électeurs pendant la tenue du collége unique de Pau, qu'il renoncerait à sa sous-préfecture de Bayonne, si on le portait à la députation ; il s'engagea en outre à n'occuper aucun emploi pendant tout le cours de sa carrière législative. Les électeurs constitutionnels répondirent à ces promesses en réunissant leurs suffrages sur M. de Panat. A peine arrivé à la chambre, le nouveau député a été appelé à la préfecture du Cantal, et il s'est bien gardé de refuser cette place. Et vos promesses, M. le Vicomte !

PARDESSUS (le baron JEAN-MARIE),

[Bouches-du-Rhône], — *côté droit* (24).

Est né à Blois en 1772. Maire de cette ville en 1805, membre du corps législatif en 1807, professeur de droit commercial en 1810, membre de la chambre de 1815 et de la commission de surveillance des caisses d'amortissement et de consignation en 1816, renvoyé à la législature en 1820, réélu en 1824 et en 1827, il a prêté l'appui de son éloquence et de son vote à tous les ministères qui se sont succédés depuis 1815. Dans la chambre introuvable, M. Pardessus mérita le titre de champion des cours prévotales ; depuis leur abolition, il réunit toute son affection sur les mesures exceptionnelles, et il n'en a pas été présenté une seule qui n'ait reçu son assentiment. Cet honorable a publié plusieurs ouvrages de jurisprudence qui n'ont pas obtenu beaucoup de succès. Son *Traité des servitudes* est ce qu'il a fait de mieux. On reconnaît aisément, en lisant ce volume, que l'auteur était plein de son sujet lorsqu'il l'a composé. M. Pardessus est conseiller à la cour de cassation, officier de la légion d'honneur et chevalier de Saint-Michel.

PAREL D'ESPEYRUT (le vicomte),

[Corrèze], — *centre droit* (467).

C'est un respectable vieillard, qui a pris pour devise : Dieu, le Roi et la patrie. Député depuis 1820, M. Parel d'Espeyrut n'a pas fait grand bruit à la chambre servile, mais il y a voté en homme de bien.

PARTOUNEAUX (le lieutenant général comte),

[Var], — *centre droit* (402).

Étranger à nos troubles révolutionnaires, il entra au service comme simple soldat dès que l'heure de la liberté eut sonné pour la France. Ses talens et son courage lui méritèrent un avancement rapide. Il commandait une brigade à Novi ; il y fut blessé et fait prisonnier. Général de division en 1803, M. Partouneaux eut le commandement du camp de Compiègne, et fit la campagne de 1805 à la tête d'une division de grenadiers. Envoyé dans le royaume de Naples en 1806, il y demeura long-temps investi de grands pouvoirs ; ce fut lui qui, en 1809, repoussa les Anglais lorsqu'ils tentèrent de débarquer à Scylla. A la retraite de Moskou, ce général commandait l'extrême arrière-garde des débris de l'armée Française, il soutint avec une poignée de braves qui restaient du 9e corps, un combat honorable à Borisow, contre trois armées russes ; mais, malgré les succès de cette brillante journée, il ne put passer la Bérézina, et tomba au pouvoir de l'ennemi. Le 29e bulletin contient à cette occasion de graves reproches contre le général Partouneaux. Long-temps captif en Russie, il ne rentra en France qu'après la restauration, et fut promu successivement au commandement de Marseille et de Toulouse. Mis à la retraite sous le ministère de Gouvion–Saint-Cyr, il fut réintégré par Latour–Maubourg, et placé à la tête de la 1re division de la garde royale. Appelé à la chambre des députés, à la faveur de la loi du double vote,

M. Partouneaux ne s'est point montré opposé au ministère Villèle.

Ce général a publié une *Relation du passage de la Bérésina;* beaucoup de gens pensent que cet ouvrage n'est autre chose qu'un mémoire justificatif contre les assertions du 29ᵉ bulletin.

PAS DE BEAULIEU (le baron),

{ Nord], — *centre gauche* (144).

Est un de ces anciens braves qui n'ont point encore rougi d'avoir arboré le drapeau français sur les cathédrales de l'Europe vaincue. M. Pas de Beaulieu donne souvent à la tribune, des témoignages de son patriotisme et de son éloquence. Dans la séance du 12 avril 1828, il a appuyé la pétition de divers officiers qui demandaient la continuation de leur traitement jusqu'au temps voulu pour la retraite. « Portez un moment vos regards sur le » passé, a dit l'honorable membre dans une brillante » improvisation, voyez, pendant ces années qui » ont précédé 1814, nos armées couvrant l'Europe » depuis le Tage jusqu'à la Moskowa, livrant des » combats de géans, gagnant des batailles, suppor- » tant des revers non moins glorieux que des vic- » toires ! une seule de ces journées vaut bien vingt » ans de garnison !... » M. Pas de Beaulieu n'avait pas encore siégé avant l'ouverture de la nouvelle chambre septennale. Il est chevalier de Saint-Louis et officier de la légion d'honneur.

PATAILLE,

[Hérault], — *centre gauche* (433).

Il fut nommé procureur du Roi à Nismes en 1819, et c'est à la fermeté de sa conduite qu'on doit la répression des brigandages dont ce pays était le théâtre depuis 1815. Destitué de ses fonctions par l'auteur de la loi vandale, M. Pataille trouva dans l'estime publique un ample dédommagement de sa disgrâce. Nommé député depuis la dissolution de la chambre servile, cet honorable citoyen n'a cessé de défendre les intérêts nationaux, et de flétrir les coupables manœuvres du dernier ministère.

PAVÉE DE VANDOEUVRE (le baron),

[Aube], — *centre gauche* (87).

Auditeur au conseil d'État sous l'empire, remplaça M. Doumont à Marseille comme lieutenant-général de police, et fut ensuite nommé préfet ; fonctions qu'il remplissait encore à la restauration. Maître des requêtes en 1820, député en 1821, il fut destitué pour avoir siégé au côté gauche et voté avec les amis de nos institutions. M. Pavée de Vaudœuvre n'a point fait partie de la chambre Villèle.

PELET DE LOZÈRE (le baron),

[Loir-et-Cher], — *centre gauche* (45).

Est fils du pair de France de ce nom. Il a été préfet de Loir-et-Cher, sous le régime impérial et sous le gouvernement de Louis XVIII. Il n'est pas moins cher à son département par ses vertus privées que par son patriotisme. M. le baron Pelet a reçu la plus brillante éducation, et possède de vastes connaissances administratives. Il paraît souvent à la tribune, et ses discours, pleins de force et de lucidité, produisent toujours une heureuse impression sur l'assemblée.

PÉRIER (Casimir),

[Aube], — *extrême gauche* (6).

Est né à Grenoble, le 12 octobre 1777, et a fait les campagnes de l'an 7 et de l'an 8 en Italie, en qualité d'adjoint du génie militaire. Retiré depuis, il établit en 1802, avec son frère Scipion Périer, une maison de banque à Paris. Un écrit qu'il publia en 1816, contre le système d'emprunt à l'étranger, attira sur lui l'attention générale, et le département de la Seine le choisit pour un de ses députés en 1817. Dès cet instant il n'a pas cessé de faire partie de la chambre élective, et d'y défendre avec énergie les intérêts du peuple.

Nous ne rappellerons point ici tous les titres que cet honorable député a acquis à la reconnaissance nationale. Au reste M. Casimir Périer

est un de ces hommes dont les noms sont devenus
si populaires depuis la restauration qu'il suffit de
les citer. Terminons par ce portrait que nous em-
pruntons à un biographe : « M. Casimir Périer a
» l'éloquence vive et agressive ; les tournures in-
» terrogatoires lui sont familières ; il est clair,
» concis, positif dans ses discours ; il va droit au
» but, ne se laisse arrêter par aucun de ces ména-
» gemens, de ces timides réserves qu'impose le
» ventre et que commande l'estomac ; sa pensée a
» la rondeur et la franchise des millions ; toujours
» vif dans les discussions, il préfère les questions
» politiques, et il retrouve à la tribune la présence
» d'esprit qui l'abandonne dans le monde où il se
» reproduit en homme distrait. »

PÉRIER (Alexandre),

[Loiret], — côté gauche (125).

Frère du précédent. Élu en 1820, il siégea au
côté gauche, et repoussa les lois d'exception et
toutes les mesures qui tendaient à la destruction
de nos libertés. M. Alexandre Périer a été maire
de Montargis, possède à Orléans les plus riches
manufactures.

PÉRIER (Augustin),

[Isère], — centre gauche (39).

Frère des précédens, a été élu par trois colléges
de son département ; il a opté pour celui de Gre-

noble. Ce n'est pas moins à son patriotisme et à ses qualités personnelles qu'à la haute renommée de son frère Casimir, qu'il est redevable de cette triple élection. M. Augustin Périer a paru déjà plusieurs fois à la tribune, et ses discours ont prouvé qu'il ne manque ni de courage ni de talent.

PÉRIER (Camille),

[Sarthe], — côté gauche (124).

Frère des précédens, à été élu à Mamers, par suite de l'option de M. Dupin aîné pour la Charité. Il siégeait pour la première fois en 1828.

PETOU,

[Seine-Inférieure], — centre gauche (42).

Cet honorable député est maire d'Elbeuf. Il a commencé sa carrière législative dans la chambre septennale, où il s'est prononcé avec la plus grande énergie contre le ministère Villèle. Il n'est pas de législateur qui professe une indépendance plus absolue que cet estimable manufacturier ; il a toujours l'oreille à ce qu'on dit, et ne peut entendre une phrase qui blesse les intérêts nationaux, sans s'élancer aussitôt à la tribune pour la combattre. Dans la session de 1827, M. Petou proposa de diminuer de moitié le traitement de l'ex-garde-des-sceaux Peyronnet, s'éleva contre le cumul des traitemens de l'évêque d'Hermopolis, et réclama une foule d'économies. Un jour, M. Petou, proposant une mesure utile, termina ainsi son discours : « La

» France serait reconnaissante si les ministres adop-
» taient mon amendement ; mais elle serait plus
» reconnaissante encore s'ils voulaient se retirer. »

M. Lafitte, dans une autre occasion, ayant annoncé qu'il déposerait sur le bureau l'acte d'accusation des ministres, s'il était soutenu par cinq de
ses collègues, M. Petou s'écria : *Je suis prêt à le
signer*. Depuis sa réélection, cet honorable citoyen
a paru fréquemment à la tribune. Dans la séance du
3 mai 1828, il s'est élevé avec force contre l'administration des postes, et a dénoncé l'existence du fameux cabinet noir :

« Je tiens, a-t-il dit, je tiens le fil de ce
» labyrinthe obscur. Ce comité était composé de
» vingt-deux personnes ; les membres de cet odieux
» repaire profitaient des ténèbres pour s'y rendre
» à des heures convenues ; ils n'en sortaient qu'a-
» vec les plus grandes précautions, pour se dérober
» aux regards du public : 30,000 francs par mois,
» pris sur les fonds d'un ministère, servaient à
» solder ces vils employés. Dans la nuit de 31 jan-
» vier dernier, ce comité a été dissous ; les meubles,
» les instrumens, outils et ustensiles, tout l'attirai
» a disparu à la faveur de la nuit. » Voyez VAUL-
CHIER.

PINA (le marquis de),

[Isère], — *centre droit* (331).

Remplace le marquis Planelli de Lavalette qui
votait avec les villélistes. M. le marquis de Pina
pense comme son prédécesseur. Il n'est monté à la
tribune que pour défendre le baron Jules de Cal-

vière, alors préfet de l'Isère, des reproches graves
dont celui—ci a été l'objet dans une pétition à
l'occasion des dernières élections, et pour justifier les actes du feu triumvirat. « Je déclare,
» a-t-il dit, que les inculpations les plus importantes
» des pétitionnaires sont *fausses*. Il est *faux* qu'un
» juge-de-paix ait été invité à signer son bulletin, et
» *comme président du collége*, je donne un dé-
» menti formel sur ce fait. Cette invitation, au
» reste, eût été bien absurde, car *il est peu de*
» *fonctionnaires plus indépendans que les juges-*
» *de-paix...* » Ces paroles, qui ont excité l'hilarité de la chambre, donneront une idée des sentimens et de l'éloquence de l'honorable membre.
Ajoutons qu'il n'avait pas encore siégé avant l'ouverture de la nouvelle chambre septennale.

PINIEUX (le comte AUGUSTE de),

[Eure-et-Loire], — *centre droit* (523).

Homme de bien, qui n'a qu'un seul défaut, celui
de confondre les intérêts du trône avec ceux des
dépositaires du pouvoir. M. le comte de Pinieux
faisait partie de la chambre servile, et y votait en
faveur de toutes les propositions du ministère,
dans la persuasion où il était qu'en agissant autrement, il eût porté atteinte aux prérogatives royales.
M. de Pinieux a siégé dans la chambre *introuvable*,
et fait partie de sa frénétique majorité. Il est membre
du conseil général de son département, et chevalier
de la légion d'honneur.

POTTEAU D'HANCARDERIE,

[Nord], — côté droit (340).

C'est l'inévitable député de ce bon département
du Nord. Depuis la chambre de 1815, où il votait
avec les introuvables, cet honorable n'a cessé de
figurer parmi nos législateurs; il a appuyé de ses
boulettes toutes les lois d'exception et toutes les
mesures anti-nationales des divers ministères qui se
sont succédés. On sent qu'un pareil dévouement
n'a pu demeurer sans récompense; en effet, M. Potteau d'Hancarderie a obtenu la croix d'officier de
la légion d'honneur, la place de conseiller de préfecture et l'admission de son fils dans les pages du
Roi. Il était sur le point d'être nommé préfet lorsque
le triumvirat vandale est tombé aux acclamations de
la France. On assure que, constant dans son optimisme, ou plutôt dans ses désirs ambitieux, il
cherche aujourd'hui à se rendre agréable au nouveau
ministère; ce qui supposerait que M. Potteau ne
croit pas à la résurrection de son patron Villèle.

POUGEARD DU LIMBERT (le baron),

[Charente], — centre gauche (305).

Était avocat avant la révolution. Il fut élu par le
bailliage d'Angoulême, député du tiers-état à l'assemblée des états-généraux. En 1795, le département de la Charente l'envoya au conseil des Cinq
cents. Préfet de la Vienne après le 18 brumaire,
il administra ce département jusqu'au moment où

il fut appelé au tribunat. Après la suppression de cette assemblée, M. Pougeard rentra dans la carrière administrative. Il fut nommé préfet de l'Allier, place qu'il occupait encore en 1814, et qu'il perdit au retour des Bourbons. Réintégré par Napoléon, dans les cent jours, il rentra bientôt dans la vie privée. Élu par la Charente en 1821, il siégea au côté gauche, et vota avec la minorité courageuse de cette époque. Depuis 1825, cet honorable député avait disparu de la chambre élective. C'est au patriotisme, à la persévérance de ses anciens mandataires que la France doit la réélection de ce vertueux citoyen.

PREISSAC (le comte de),

[Tarn-et-Garonne],—centre gauche (444).

Fut élu en 1824, par l'influence de M. de Villèle. La place qu'il occupait au centre le fit passer longtemps pour ministériel ; on fut enfin détrompé sur son compte. Un jour, on discutait la loi vandale, et les trois cents opposaient les cris de *la clôture* aux efforts d'une minorité libérale, M. de Preissac quitte son banc, et demande à parler contre la clôture. « Il ne s'agit pas ici, dit-il, de la discus-
» sion d'une loi ordinaire. C'est la France, c'est
» nous—mêmes que les ministres accusent d'impiété
» et de sédition. Il faut que la décision que nous
» allons rendre prononce la condamnation de la
» France ou celle du ministère. Qu'on ne suive
» donc pas les formes ordinaires, qu'on laisse la
» discussion s'éteindre d'elle-même, et que M. le
» président nous demande à tous avant d'aller aux

» voix : *accusés, n'avez-vous plus rien à dire ?* »
Il alla plus loin lors de la discussion du budget ; il
prononça un discours dont chaque paragraphe se
terminait par ces mots foudroyans : *Ministres,
retirez-vous !* Depuis l'ouverture de la nouvelle
chambre, M. le comte de Preissac n'a point dévié
de la route constitutionnelle. Il a été nommé récemment préfet du Gers en remplacement de M. Linguat de Saint-Blanquat, appelé à la préfecture de la
Dordogne. Ce fonctionnaire doit être considéré
comme un des amis les plus sincères du trône et
de nos institutions.

PUYMAURIN (le baron Jean-Pierre-Casimir-Marcassus de),

[Haute-Garonne], — *côté droit* (113).

Il est né à Toulouse, le 3 décembre 1757, d'une
famille assez distinguée ; c'est lui qui a introduit en
France l'art de graver sur le verre par l'acide fluorique. M. Marcassus de Puymaurin était tout entier
à l'économie rurale et à la chimie, lorsque la révolution éclata ; l'obscurité de sa position le mit à
l'abri des orages de cette funeste époque ; devenu
membre du conseil général de son département, il
fut appelé au corps législatif en 1805 et y siégeait
encore en 1814. M. Marcassus, qui avait adhéré
des premiers à la déchéance de Napoléon, se retira
dans son département au retour de ce prince, où il
vécut paisiblement jusqu'à la seconde restauration.
Nommé député à la chambre *introuvable*, il n'a cessé,
dès-lors, d'être réélu et de voter pour tous les ministères. Du reste c'est un homme fort amusant ;

ses saillies excitent souvent l'hilarité de la chambre, même au milieu des discussions les plus graves. Cet honnête gascon est chargé depuis 1816 de la direction de la monnaie des médailles. Les académies de Toulouse, de Stockholm, d'Yvetot, de Château-Lin, etc, le comptent parmi leurs membres: ajoutons qu'il est décoré de la croix de commandeur de l'ordre royal de la légion d'honneur.

Q.

QUELEN (le comte de),

[Côtes-du-Nord], — *centre droit* (269).

Est le frère aîné de M. l'archevêque de Paris et le neveu de M. le marquis d'Autichamp ; il a siégé dans la chambre servile et s'y est montré constamment opposé au ministère Villèle ; réélu contre le gré de nos triumvirs, son admission à la nouvelle législature , a donné lieu à de vifs débats, par suite d'une pétition où des électeurs réclamaient contre la négligence de quelques formalités exigées par la loi à l'époque de sa nomination. M. de Quelen ne prêtera jamais son appui à un ministère qui essaierait de nous ramener sous le régime des exceptions ; il a pour devise : les Bourbons et la Charte.

R.

RAMBUTEAU (le comte de),

[Saône-et-Loire], — *centre gauche* (44).

A rempli, sous le régime impérial de hautes fonctions administratives, et siégé dans la chambre des représentans. Nous ne pouvons mieux faire connaître les sentimens de l'honorable membre qu'en reproduisant ici un passage de la circulaire qu'il a adressée aux électeurs de Macon avant d'être nommé : « douze ans de retraite, dit-il, pendant » lesquels je n'ai rien sollicité, rien accepté, et ma » conduite dans les départemens qui m'ont été confiés, doivent donner quelque crédit à mes paroles, » comme à *ma résolution de ne jamais accepter ni* » *préfecture, ni autre emploi du ministère dont le* » *renversement et l'accusation me paraissent un* » *devoir ;* de ne jamais abandonner le poste où la » confiance de mes concitoyens m'aura placé... Je » remplirai mon mandat en employant mes efforts à » servir la France, défendre ses libertés et justifier » la confiance honorable dont j'aurai été investi. » M. de Rambuteau tient sa promesse.

RAUDOT,

[Yonne], — *centre droit* (449).

A fait partie de la chambre-Villèle, mais il n'y a parlé ni fait parler de lui; depuis sa réélection, il n'a pris la parole que dans la discussion de la proposition de M. Jankowitz en faveur de laquelle il a voté. Le discours qu'il a prononcé dans cette occasion est plein de sagesse et de patriotisme ; il décèle en même temps de vastes connaissances et une profonde érudition.

RAVEZ ,

[Gironde], — *centre droit* (147).

Est né à Rive-de-Gier, département de la Loire, en 1770. Son père, honnête marchand de parapluies, le plaça chez un procureur en qualité de clerc ; au bout de quelques temps, M. Ravez s'attacha au barreau de Lyon et concourut à la résistance qu'opposa cette ville à l'armée républicaine. Envoyé à Bordeaux en 1793, il forma dans cette ville une société dont le but était de perpétuer les opinions contraires aux idées nouvelles, et y fixa sa résidence. M. Ravez jouissait de quelque réputation, comme avocat, lorsqu'il se lia avec Lainé. En 1806, il adressa à l'archichancelier Cambacérès, comme président du collège électoral de Bordeaux, un discours rempli de tendres protestations en faveur de la dynastie impériale ; en 1815 il se prononça en faveur des Bourbons, et crut donner à ces princes un gage de son affection en refusant de prêter les secours de son ministère aux infortunés frères Faucher, dont il se disait naguère le meilleur ami. Malgré cette action peu généreuse, M. Ravez fut nommé député par la ville du 12 mars. Membre de la chambre *introuvable* et de toutes les autres législatures, il a prêté constamment aux divers mi-

nistères qui se sont succédés l'appui de son éloquence, de son vote et de l'influence qu'il a pu
conquérir sur la chambre. Président depuis 1818
jusqu'à la fin de la session de 1827, il a montré
une partialité contre laquelle les députés du côté
gauche ont souvent récriminé. « Vous n'êtes pas
» président, lui dit un jour M. Alexandre de La-
» meth ; vous êtes un membre du côté droit. » Les
nouveaux mandataires de la patrie ont fait enfin
justice de la condescendance de M. Ravez pour un
pouvoir ennemi de toute liberté, en appelant au
fauteuil qu'il avait trop long-temps occupé, ce vertueux Royer-Collard dont le nom est si cher à tous
les cœurs français.

REGOURD DE VAXIS (le chevalier),

[Lot], — *centre droit* (456).

Il a été nommé en 1821, en 1824 et en 1827 par
l'influence du ministère Villèle ; son vote a pleinement justifié la confiance de ses patrons. Cet honorable est chevalier de Saint-Louis, officier de la légion d'honneur et maire de Cahors.

REINACH (le baron),

[Haut-Rhin], — *coté gauche* (367).

Remplace le vicomte de Montmarie qui a voté
constamment avec les disciples de M. Piet. L'honorable baron a toutes les vertus qui caractérisent
le vrai patriote : il n'avait pas encore siégé avant
l'ouverture de la nouvelle chambre septennale.

REBOUL,

[Vaucluse], — *centre droit* (461).

A fait partie de la chambre-Villèle où son nom n'a été prononcé que dans l'appel nominal. Il votait pour le ministère plutôt par complaisance que par attachement réel. On croit qu'il n'est pas tout-à-fait ennemi de nos institutions ; du reste monsieur Reboul est un homme fort tranquille à la chambre ; il ne bouge de sa place que lorsqu'on vote par assis et levé, ou pour aller déposer sa boulette dans l'urne du scrutin. Cet honorable député est maire de Mondragon et membre du conseil général du département de Vaucluse. Il paraît que les lieux qui ont si bien inspiré Pétrarque et Laure n'ont pas produit le même effet sur M. Reboul.

RENOUARD DE BUSSIÈRES (le vicomte),

[Bas-Rhin], — *centre droit* (524).

Est, dit-on, le gendre d'un banquier femelle de Strasbourg qui, en 1817, fit d'excellentes affaires sur les grains. Membre de la chambre servile le noble vicomte n'y a point parlé ni fait parler de lui ; mais ses votes et ses boulettes blanches ont valu à son fils une place de secrétaire d'ambassade et à ses protégés des faveurs qu'il n'est plus d'usage d'accorder au mérite. M. Renouard de Bussières est chevalier de la légion d'honneur et membre du conseil général du département du Bas-Rhin.

RENOUVIER ,

[Hérault], — *centre gauche* (256).

C'est en 1828 que, pour la première fois, son nom a figuré parmi ceux de nos législateurs. Il avait promis aux électeurs qui l'ont nommé de se réunir aux députés qui veulent le maintien de nos institutions. M. Renouvier tient parole.

REGNAUD-DE-LASCOURS (le colonel),

[Gard], — *côté gauche* (132).

Est le fils du baron de Lascours, ancien préfet du Gers, que le ministère-Villèle avait destitué à cause des opinions du nouveau député, et à qui M. de Martignac a donné une nouvelle préfecture. M. Regnaud de Lascours a été aide-de-camp du général Sébastiani ; il doit sa nomination au désintéressement de M. Madier de Montjau qui réunit sur ce candidat les suffrages des électeurs qui voulaient le porter lui-même à la législation. Le père de M. Regnaud de Lascours a siégé dans plusieurs assemblées nationales et donné de précieux gages de son amour pour la patrie. L'honorable député est chevalier de Saint-Louis et commandeur de la légion d'honneur.

RIBEROLLES (de),

[Puy-de-Dôme], — *centre droit* (102).

C'est à l'influence jésuitique que cet honnête auvergnat doit les honneurs de la législature ; peu

connu avant sa nomination, il ne l'est guères plus
depuis. M. de Riberolles remplace M. de Trin-
qualye, l'un des trois cents de la chambre vénale ;
il était difficile de choisir quelqu'un qui fût plus
digne de son prédecesseur : qui voit l'un voit l'autre.

RICARD (de),

[Gard], — *centre gauche* (314).

Était avocat général près la cour royale de Montpellier. Il vient d'être nommé membre de la cour
de cassation, section criminelle, en remplacement
de M. Blondel-d'Aubers. M. de Ricard fut appelé
à la chambre des députés en 1821 par les vœux
de M. de Villèle, dont il suivit pendant quelque
temps les bannières ; dans la session de 1827, il
les déserta, et vota contre la loi vandale. C'est à
son retour aux principes constitutionnels que
M. de Ricard doit sa réélection.

RICHEMONT (le comte CAMUS de),

[Allier], — *côté gauche* (74).

Cet officier général fit partie de la chambre des
représentans dans les *cent jours ;* rentré dans la
vie privée depuis la seconde restauration, il n'a
reparu qu'en 1828, parmi les membres de la chambre élective. M. le comte de Richemont succède
au villèliste de Champflour. Ainsi la France a dou-
blement à s'applaudir du choix des électeurs de
Montluçon.

RIVAROLA-BARBAGGI (le comte DOMINIQUE-CHARLES de),

[Corse], — *centre gauche* (442).

Est né en octobre 1771 ; il descend d'une des plus anciennes familles de Gênes et a épousé une des filles du feu comte de Casa-Bianca, pair de France. Lieutenant de vaisseau à l'époque de la révolution, il émigra et ne reparut dans sa patrie qu'après le 18 brumaire. M. le comte de Rivarola a siégé dans la chambre servile ; mais son vote a été, comme il est encore, celui d'un bon citoyen ; c'est d'autant plus élogieux pour lui qu'il doit aux derniers ministres la place de conservateur des forêts à Bastia, et les croix de Saint-Louis et de la légion d'honneur.

ROCHEGUDE (le marquis de),

[Vaucluse], — *côté droit* (109).

Les antécédens de ce député n'honorent guère son caractère. Après l'abdication de Napoléon, il fit éclater, dit-on, contre ce prince, des sentimens peu généreux. Pendant les *cent jours*, il recruta pour l'armée de M. le duc d'Angoulême et se prévalut de ses efforts dans cette circonstance pour solliciter après la seconde restauration le commandement d'une compagnie de la garde royale ; il l'obtint, et depuis, il est passé chef de bataillon dans un régiment de ligne. Comme député, M. de Rochegude ne peut avoir de l'importance que par son vote. Il a la vue très-courte.

ROMAN ,

[Yonne], — *centre gauche* (93).

Vertueux citoyen que les électeurs constitutionnels d'Auxerre sont enfin parvenus à envoyer à la chambre élective dont il n'avait point encore fait partie avant 1828 ; il remplace, dans la députation de l'Yonne, le marquis Fauvelet de Bourrienne qui a acquis une assez triste célébrité sous l'empire et depuis la restauration. Ce dernier votait pour les mesures extrêmes du triumvirat; M. Roman vote pour le maintien de nos institutions, ce qui est beaucoup plus conforme aux intentions de ses commettans.

RONCHEROLLES (le comte CHARLES de),

[Eure], — *centre droit* (105).

Est un ancien émigré. Membre de la chambre introuvable, il y vota avec la majorité, mais ce ne fut toutefois qu'après quelque hésitation; réélu depuis la loi du double vote, il a constamment suivi les bannières du triumvirat. On assure, cependant, que M. de Roncherolles n'est pas entièrement ennemi de la charte et qu'il est presque décidé à se réunir aux députés qui en veulent le maintien dans toute son intégrité; on donne pour gage de la modération de ses principes quelques amendemens qu'il a présentés dans les précédentes sessions. Nous verrons bien!

ROQUETTE (le baron de),

[Haute-Garonne], — côté droit (115).

M. de Ricard, son prédécesseur, après avoir voté la loi du sacrilège, la loi d'indemnité, le trois pour cent, l'asservissement de la presse, etc, parut, vers la fin de la dernière session, se relâcher un peu de sa condescendance envers un ministère exécré. M. de Villèle s'en aperçut et dès lors, il fut décidé que M. de Ricard ne serait pas réélu. On jeta les yeux sur M. de Roquette, et les congréganistes de Toulouse en le nommant député ont donné à leur confrère Villèle une nouvelle preuve de dévouement. M. le baron de Roquette n'est rien moins qu'orateur ; aussi n'aborde-t-il la tribune que pour déposer sa boulette dans l'urne des délibérations.

ROUILLÉ DE FONTAINE,

[Somme], — côté droit.

Est député depuis 1820 : il a voté contre tous les projets désastreux du ministère déchu. C'est un homme rempli de vertus et de talent, qui jouit de 80,000 francs de rentes et fait un noble usage de sa fortune. M. Rouillé a rempli les fonctions de secrétaire dans la session 1828.

ROUX ,

[Bouches-du-Rhône], — *côté droit* (473).

C'est le partisan le plus outré de l'absolutisme, l'homme le plus encrouté de préjugés qu'il soit possible de rencontrer ; il a voté pour toutes les mesures extrêmes du triumvirat. Cet honnête Marseillais n'a paru qu'une seule fois à la tribune ; ce fut à l'époque de la discussion du projet de loi relatif à l'emprunt des 4 millions de rentes, et, sans un errata du constitutionnel, nous douterions encore qu'il s'y fût présenté. Cette feuille, en rendant compte de la séance du 13 mai 1828, s'était exprimée en ces termes, après avoir rapporté les énergiques paroles de M. Ternaux : « M. De— » vaux prononce en faveur du projet un discours » dont les termes ne parviennent pas jusqu'à nous. » Il paraît que l'honorable député du Cher réclama contre cette assertion, car le lendemain le même journal annonça que c'était M. Roux, et non M. Devaux qui avait parlé la veille après M. Ternaux. Sans doute le mandataire des Bouches du Rhône, jaloux de prouver au nouveau ministère qu'il pouvait compter sur lui ni plus ni moins que le défunt triumvirat avait mis à profit le trouble que venait d'exciter l'improvisation de M. Ternaux, pour approuver l'emprunt et donner *incognito* un échantillon de sa faconde Marseillaise.

ROYER-COLLARD (Pierre-Paul),

[Marne].

Est né près de Vitry-le-Français en 1770. Avocat au parlement de Paris au moment de la révolution, il adopta avec modération les principes de liberté et fut élu le 15 juillet 1789 membre du premier conseil de la commune de Paris, sous la direction de Bailly. Devenu secrétaire de ce conseil en 1792, il donna sa démission au 10 août de la même année, et, résistant aux pressantes sollicitations de Danton qui voulait le faire entrer dans la société dite des *Cordeliers*, il passa dans la retraite la sanglante époque de 1793 et 1794.

Échappé aux fureurs révolutionnaires, M. Royer-Collard fut nommé en 1797, par le département de la Marne, député au conseil des Cinq cents ; mais devenu suspect aux républicains, il vit son élection annulée. Rentré dans la retraite, il s'y livra tout entier à des travaux philosophiques. En 1811, il fut nommé doyen de la faculté des lettres de Paris et professeur d'histoire et de philosophie à l'École normale. C'est là qu'il s'acquit à juste titre la plus brillante des réputations. A la première restauration, M. Royer-Collard fut appelé à la direction générale de l'imprimerie et nommé conseiller d'état. Dans les cent jours, il se démit de ses fonctions publiques, et se borna aux titres de professeur et doyen de la faculté des lettres ; en cette qualité il prêta le serment exigé de tous les membres de l'université. Après la seconde abdication de Napoléon, il rentra au conseil d'État et fut nommé président de la commission royale d'instruction publique. Député de la Haute-Marne à la chambre introuvable, il vota avec la minorité libérale ; réélu en 1816 par le même département, il fut considéré comme chef du parti *doctrinaire*, qui apparut en 1817. Ce parti était composé d'hommes qui professaient des principes libéraux dès le commencement de la révolution et qui, depuis le renversement de la constitution au 10 août, se firent connaître sous le nom de *Clichiens* : Camille-Jordan, Becquey, de Serres, le duc de Broglie, Kératry et Guizot en étaient les principaux membres. Le nombre ne s'élevait guères à plus de dix, ce qui fit dire assez plaisamment que ce parti tiendrait sur un canapé ; il avait pour but d'établir des transactions entre les royalistes et les libéraux. En 1819 M. Royer-Collard se démit de ses places sous le ministère de son ami De Serres, dans l'idée qu'elles pouvaient compromettre son indépendance. Une lutte s'était engagée entre les partisans de l'ancien régime et ceux des institutions nouvelles ; il se réunit à ces derniers et ne cessa d'opposer à l'arbitraire sa généreuse éloquence et l'irrésistible dialectique de ses discours. M. Royer-Collard a combattu toutes les lois exceptionnelles, et s'est opposé à l'expulsion de Manuel. Dans la session de 1827 il mit le sceau à sa réputation en flétrissant les mesures extrêmes de nos triumvirs. Lors de la discussion de la loi vandale, M. Royer-Collard s'est placé à un dégré qu'aucun de nos orateurs n'avait encore pu atteindre. Rappelé à la chambre législative par les suffrages de six arrondissemens électoraux, il a opté pour celui de Vitry-le-Français. Le roi, en élevant ce vertueux citoyen à la présidence de cette chambre pour la session de 1828, remplit les vœux des vrais amis du trône et de la liberté.

S.

SADE (le comte Xavier de),

[Aisne], — centre gauche (191).

A siégé pour la première fois en 1828; il remplace M. de Colligny qui votait pour le ministère Villèle. M. le comte de Sade vote pour le maintien de nos institutions; ainsi, un villéliste de moins et un patriote de plus : compensation.

SAGLIO (Florent),

[Bas-Rhin], — côté gauche (231).

Président du tribunal de commerce de Strasbourg, est un riche propriétaire. Appelé à la chambre introuvable, il y vota avec le petit nombre des amis de la liberté. Réélu en 1819, il se prononça de la manière la plus énergique contre le nouveau système électoral. M. Saglio à repris sa place, et, fidèle à ses principes, il continue à défendre les intérêts de son pays.

SAINT-AIGNAN (le comte Louis de),

[Loire-Inférieure], — côté gauche (487).

A été maire de Nantes, préfet des Côtes-du-Nord et préfet de la Loire-inférieure. Les électeurs de ce dernier département le portèrent à la députation en 1815; il fit partie de la minorité libérale. Réélu en 1819, il n'hésita pas entre l'honneur et l'obligation que semblait lui imposer sa qualité de fonctionnaire public; ne consultant que sa conscience, M. de Saint-Aignan repoussa les lois exceptionnelles de 1820. Il fut destitué. Sa réélection a prouvé l'intérêt et la confiance que son patriotisme et sa paternelle administration lui ont acquis dans son département. M. de Saint-Aignan se rend chaque jour plus cher à la France par ses discours et ses votes en faveur des droits du peuple.

SAINT-AIGNAN (Auguste de),

[Loire-Inférieure], — côté gauche (81).

Frère du précédent. Jeune encore, il servait dans l'artillerie lorsque la révolution éclata; destitué comme noble et porté pendant six ans sur la liste des émigrés, il rentra au service en 1804, et devint lieutenant-colonel du régiment d'Isembourg; attaché ensuite à l'état major de Napoléon, M. Auguste de Saint-Aignan fit avec ce prince les campagnes de Prusse, de Pologne et d'Autriche. Nommé écuyer de Napoléon et bientôt ministre plénipotentiaire en Saxe, pendant les années 1811 et 1812, il y fut fait prisonnier par les Autrichiens, après la bataille de Leipsick. Conduit au quartier général de l'armée ennemie, il eut plusieurs conférences avec les ministres des puissances coalisées, dont le congrès de Châtillon fut le résultat. De retour en France, il fit avec l'Empereur la mémorable campagne de 1814, et ne quitta ce grand capitaine qu'à son départ pour l'île d'Elbe. En 1820, le département des Côtes-du-Nord le choisit pour un de ses députés. M. Auguste de Saint-Aignan siégea à la chambre législative jusqu'à l'expiration de son mandat, entre le général Lafayette et le courageux Manuel. Élu par le collége de Saint-Philibert, en remplacement de M. Lucas de la Championniaire, décédé depuis la clôture de la session de 1828, cet honorable citoyen a repris la place qu'il occupait au côté gauche.

SAINT-AULAIRE (le comte LOUIS-BEAUPOIL de),

[Meuse], — *centre gauche* (41).

Est le beau-père de M. le duc Decazes. Il naquit en 1779, fut chambellan de l'Empereur en 1811, préfet de la Meuse en 1812 et de la Haute-Garonne en 1814. Dans les cent jours, M. de Saint-Aulaire donna sa démission. Appelé à la chambre introuvable, il y vota avec la minorité libérale ; réélu en 1818, cet honorable député ne cessa, jusqu'en 1823, d'élever la voix en faveur de nos libertés. Il défendit M. Decazes contre les odieuses accusations de Clausel de Coussergues, qu'il qualifia de calomniateur, repoussa la loi d'élection de 1820, proposa de citer à la barre le fameux Mangin, accusé d'avoir outragé plusieurs membres du côté gauche, appuya la pétition du courageux Madier de Montjau, soutint la vérité des faits qui y étaient mentionnés et se prononça avec force contre les assassins du midi. Lors de l'expulsion de Manuel, M. de Saint-Aulaire prit chaleureusement la défense de ce célèbre orateur; ce fut le dernier acte de sa carrière politique. Exclu de la députation par les efforts du triumvirat, il n'a pu reparaître qu'en 1828 à la chambre législative. Deux départemens se sont disputé l'honneur de l'y envoyer. Élu en même temps par la Gironde et par la Meuse, il a opté pour Verdun. M. de Saint-Aulaire, depuis sa réélection, a déjà fait entendre plusieurs fois cette voix mâle et éloquente qu'aiment à reconnaître les vrais amis de la liberté. Cet honorable député a publié récemment une *Histoire de la Fronde* qui a obtenu le plus brillant succès.

SAINT-CRICQ (le comte de),

[Basses-Pyrénées], — (17).

Ministre du commerce, commandeur de la légion d'honneur, etc., est né à Lescar, en 1775. Simple commis dans les bureaux de M. Collin de Sussy, il obtint, en 1813, la place de chef de division dans les douanes. A la restauration, il fut nommé conseiller d'État en service ordinaire, et quelque temps après, par la protection de M. Decases, directeur général des douanes. Remplacé par M. de Castel-Bajac, qu'il fallait récompenser de sa souplesse envers le ministère, M. de Saint-Cricq passa à la présidence du bureau du commerce avec le titre de conseiller d'État en service extraordinaire, fut attaché au comité des finances et autorisé à participer aux délibérations du conseil. Membre de toutes les législatures depuis 1815, il a marché continuellement sous les bannières ministérielles et s'en est très bien trouvé puisque le voilà enfin ministre à portefeuille. Cependant M. de Saint-Cricq n'est pas aussi attaché qu'on peut le croire à ses anciens patrons; on lui prête même quelque penchant au libéralisme. Lors des dernières élections, il émit, dans le collége qui lui a accordé de nouveau ses suffrages, des principes assez en harmonie avec les besoins et les idées du siècle. Espérons!

SAINTE-HERMINE (le comte de),

[Deux-Sèvres], — *centre droit* (320).

A été premier page de Louis XVI, officier de la garde de cet infortuné monarque et maire de la ville de Niort. Nous ne saurions mieux faire connaître les sentimens de cet honorable député qu'en rapportant ici la déclaration qu'il a fait insérer dans le *Constitutionnel* du 10 décembre 1827. Elle est adressée aux électeurs qui l'ont nommé.

« Messieurs, les suffrages dont vous m'honorez
» mettent le comble à ma reconnaissance. L'honneur d'être député me fait contracter de grandes
» obligations; au défaut de moyens supérieurs
» pour les remplir, j'apporterai le zèle, la confiance

(259)

» et l'indépendance d'un bon Français dans le dé-
» vouement dû au Roi, à la monarchie constitu-
» tionnelle, au maintien de la Charte et des liber-
» tés publiques et aux intérêts du pays qui m'ho-
» nore de sa confiance. Je trouverai des modèles
» parmi les défenseurs distingués du trône et de
» ses principes conservateurs. »

C'est pour la première fois que M. de Sainte-
Hermine a été appelé à la chambre élective.

SAINT–LEGIER (le comte de),

[Charente-Inférieure], — *côté droit* (335).

A fait partie de la chambre servile, mais il n'y a
pas toujours voté en faveur des projets ministériels.
Nous le croyons ami de nos institutions.

SAINT-LUC (le comte CONEN de),

[Finistère], — *côté droit.*

Membre de la chambre introuvable, il appuya
toutes les mesures violentes qui ont acquis à cette
législature une si déplorable célébrité ; membre de
la chambre vénale, il a marché constamment avec
le ministère dont la chute a causé tant de joie aux
amis de la liberté. M. le comte de Saint-Luc était
préfet du département de Loir-et-Cher; il vient
d'être nommé préfet de la Creuze en remplacement
de M. de Fussy.

SAINTE-MARIE (Rapine de),

[Nièvre], — *extrême droite* (165).

On dit qu'il s'appelait autrefois *Rapine* et qu'il crut devoir ajouter à ce nom celui de la commune dont il est maire. Quoiqu'il en soit, disons que M. de Sainte-Marie a figuré dans la chambre servile, et que, réélu sous l'influence de M. de Villèle, il paraît être revenu de son optimisme ministériel. Dans la séance du 29 mars 1828, tout en se bornant à qualifier d'*excès de zèle* les coupables manœuvres des agens de l'ancienne administration, cet honorable député a exprimé le désir de voir toutes les fraudes dévoilées et punies. Ses paroles ont été suivies des applaudissemens du côté gauche et des murmures de ses collègues de la droite.

SAINTENAC (le vicomte Falentin de),

[Arriège], — *côté droit* (527).

Était de la chambre servile ; il y votait pour le ministère Villèle, et c'est aux efforts des congréganistes qu'il doit sa réélection. Ce noble vicomte est maire de Pamiers et membre du conseil général de l'Arriège.

SALLABERY (C.-M. Yrumbert comte de),

[Loir-et-Cher], — *centre droit* (466).

Né à Paris en 1766, il voyageait lorsque la révolution éclata. Son père, président de la chambre des comptes, périt sur l'échafaud en 1794. M. Sallabery servit d'abord dans l'armée de Condé, et, après son licenciement, dans celle de l'Ouest. Il rentra en France en 1800, et vécut sous la surveillance de la police pendant un certain temps. Député à la chambre introuvable et réélu depuis, il vota pour toutes les lois d'exception. A propos de celle relative aux *cris* et aux *écrits séditieux*, il demanda qu'une partie de l'amende imposée aux coupables servît de prime aux délateurs, et proposa d'appliquer la peine de mort à tout individu qui arborerait *le drapeau tricolore*. Lors de la loi dite d'*amnistie*, il opina pour que les *conspirateurs civils fussent frappés, poursuivis à outrance;* il proclama la *loi sur le recrutement* anti-monarchique, anti-constitutionnelle, impolitique, hostile, odieuse, etc. Dans la séance du 22 mai 1820, il déclara que les libéraux étaient *la lie de la nation.* A l'époque de la discussion de la loi Peyronnet, il dit que l'artillerie avait été inventée en même temps que l'imprimerie comme si l'on eût pu prévoir que l'une était destinée à punir les excès de l'autre. « La liberté qu'on réclame, s'écria-t-il avec fureur, » c'est la liberté du sang, la liberté du bonnet » rouge; son nom d'adoption est *la liberté*, son » nom propre est *la licence*, son nom de guerre » est *le journalisme.* A Athènes et à Rome, on » détestait les sophistes : un sophiste fut pendu » comme corrupteur de la jeunesse. Les journa— » listes sont les sophistes de notre âge : que fe— » rons-nous des journalistes?... »

M. de Sallabery a marié une de ses filles à l'expréfet de police Delavau. Il a publié un *Voyage à Constantinople*, une *Histoire de l'empire Otto—*

man et quelques romans, entr'autres *Corisandre de Beauvilliers :* tout cela est dans le fleuve de l'oubli.

SALVERTE (Eugène),

[Seine], — *côté gauche* (235).

Frère de l'ancien administrateur de l'enregistrement et des domaines. Membre de la chambre des représentans, il s'y fit remarquer par son patriotisme et des principes d'équité. Lors de la discussion sur les mandats d'arrestation et de mise en surveillance, il demanda qu'on rendît sur le champ la liberté à ceux des prévenus dont la conduite serait garantie par trois membres des colléges électoraux, et la levée de tout séquestre mis depuis le mois de mars 1815. M. Eugène Salverte, reparaissant pour la première fois en 1828 sur l'horizon politique, a débuté par un très-beau discours dans la discussion du projet de loi relatif aux élections. Il a également fait preuve de talent et d'éloquence dans la discussion de l'emprunt des 80 millions.

SAPEY (Charles),

[Isère], — *côté gauche* (299).

Né à Grenoble le 13 mars 1763, a été l'ami de Lucien Bonaparte, tribun sous le consulat, membre du corps législatif sous l'empire, représentant pendant les cent jours, député depuis la restauration, et plaidé, dans tous les temps, la cause des vrais amis de la liberté. Il avait cessé de faire partie de la chambre depuis 1824, et c'est avec une grande satisfaction qu'on l'y a vu rentrer. Il ne faut pas le confondre avec son frère qui a été maire, commissaire du directoire exécutif, etc.

M. Sapey est un des plus riches propriétaires du département de l'Orne. C'est par suite de l'option de M. Augustin Perrier pour Grenoble que cet honorable député a été nommé à Tullins.

SAUNAC (de),

[Côte-d'Or], — *centre droit* (97).

C'est un conseiller de préfecture. Il était membre de la chambre servile. Présenté à la candidature par le ministère Villèle, il a cru devoir protester, lors des dernières élections, contre les espérances du triumvirat. Il a déclaré qu'il voterait pour le maintien de nos institutions et qu'il n'avait point approuvé les mesures funestes de la première chambre septennale, ainsi que pourrait le faire croire sa nomination à la présidence du collége départemental de la Côte-d'Or. C'est d'après cette déclaration que les suffrages des électeurs se sont réunis sur M. de Saunac. Il justifie pleinement leur confiance.

SCHONEN (le baron de),

[Seine], — *côté gauche* (32).

Conseiller à la cour royale de Paris. Ce magistrat a été, dans tous les temps, ami de l'équité et des institutions libérales. Il prononça sur la tombe de Manuel un discours où le parquet crut voir une provocation à la révolte ; mais le tribunal de première instance et la cour royale en jugèrent autrement. M. le baron de Schonen a épousé la fille de l'honorable Corcelles, si connu par les services qu'il a rendus à la cause nationale. On lui attribue une brochure toute patriotique, intitulée : *De la noblesse française selon la Charte, et un mot sur les ordres de chevalerie, par un gentilhomme qui, avant tout, est français et citoyen.* Paris, Dondey-Dupré, 1817.

SEBASTIANI (le lieutenant-général comte Horace-François de La Porta),

[Aisne], — *côté gauche* (14).

Est né en Corse vers l'an 1766, d'une des plus anciennes familles de l'île, alliée à celle de Napoléon. Il embrassa la carrière des armes dans le cours de la révolution, et s'éleva bientôt par son mérite et son courage au grade de colonel du 9e régiment de dragons. En 1802, deux mois après avoir conclu un traité de paix avec la Porte ottomane, Napoléon, alors premier consul, le chargea d'une mission fort importante dans le Levant. Cet officier se rendit d'abord à Tripoli; il y termina, en qualité de médiateur, les différens qui s'étaient élevés entre la cour de Suède et la régence, et y fit reconnaître la république italienne. De là, il passa à Alexandrie et successivement au Caire, à Saint-Jean-d'Acre, d'où il revint en France, après avoir rempli sa mission de la manière la plus honorable. De retour en 1803, il fut chargé de la surveillance des côtes depuis l'embouchure de la Vilaine jusqu'à Brest. En 1804, on lui confia une nouvelle

mission diplomatique pour l'Allemagne ; les hosti-
lités ayant recommencé avec l'Autriche, il fut employé en septembre à la grande armée en qualité
de général de brigade. Le général Sébastiani contribua au succès du combat de Guntzbourg, poursuivit l'ennemi à la tête de ses dragons, se porta
sur Vienne, pénétra en Moravie et fit 2,000 prisonniers russes à l'affaire du 19 novembre. Il ne
se distingua pas moins à la bataille d'Austerlitz,
où il reçut une blessure assez grave. Après cette
mémorable journée l'empereur le nomma général
de division. Ambassadeur à Constantinople en
1806, il y montra beaucoup de fermeté, de zèle
et de talent. Il avait établi dans cette capitale une
imprimerie turque et arabe ; l'usage qu'il en fit ne
contribua pas peu à l'influence que la France acquit dans ce pays, influence qui alarma tellement
les anglais, que ceux-ci forcèrent le passage des
Dardanelles, attaquèrent Constantinople et réduisi-
rent le grand-seigneur à faire partir le général Sébastiani. De retour en France, il fut nommé grand-
aigle de la légion d'honneur. Envoyé à l'armée
d'Espagne en 1808, il se signala dans plusieurs
affaires, notamment au combat de Ciudad-Réal,
où quatre mille prisonniers, dix-huit pièces de
canon et sept drapeaux tombèrent en son pouvoir ; puis aux prises de Bilbao, de Saint-Ander
et de Grenade, où il fit rentrer sous les drapeaux
français un bataillon de mille hommes, qui avaient
fait partie du corps d'armée que le général Dupont avait livré à l'ennemi par son étrange capitulation. Ce fut alors que Napoléon le créa duc de
Murcie. Quelques jours après il mit en pleine dé-
route une division anglaise qui voulait s'emparer

des forts de Fuengirola. Rappelé en Allemagne, il commanda une division de cavalerie dans la campagne de Russie. Surpris à Drissa par les russes le 15 juillet 1812 et repoussé à une lieue de là par des forces supérieures, il perdit douze pièces de canon et ses bagages ; mais il ne tarda pas à se relever de cet échec, en contribuant au succès de la bataille de la Moskowa. Dans la campagne de 1813, Sébastiani donna des preuves de la plus brillante valeur, tant aux affaires de Bautzen et de Leipsick qu'à celle de Hanau. Après l'invasion du territoire Français il se retira sur Châlons, défendit cette ville et délivra Reims de l'occupation de l'ennemi. Ce brave officier demeura sans emploi pendant la première restauration. Au retour de Napoléon, ce prince le nomma membre de la commission chargée de réviser les nominations faites depuis le 1er avril 1814, et lui confia, au mois de mai, l'organisation des gardes nationales actives de la Picardie ; en même temps le département de l'Aisne le nomma député à la chambre des représentans. Lors de la seconde abdication de l'empereur, le général Sébastiani fut du nombre des commissaires chargés d'aller traiter avec les alliés ; après cette vaine démarche, il passa en Angleterre, et ne rentra en France que vers la fin de 1816. En septembre 1819, la Corse le choisit pour un de ses députés. Depuis cette époque, il a constamment été réélu. Nous n'entreprendrons point d'analyser les travaux législatifs de ce vertueux citoyen ; nous nous bornerons à dire qu'il s'est toujours montré observateur scrupuleux du régime constitutionnel ; qu'il a plaidé dans toutes les occasions avec autant de courage que d'éloquence la cause de la liberté , qu'enfin il a repoussé avec énergie toutes les lois exceptionnelles et toutes les mesures anti-nationales qui ont été présentées jusqu'à ce jour.

SEBASTIANI (le maréchal-de-camp TIBURCE) ,

[Corse], — *côté gauche* (231).

Frère du précédent : c'est encore une des espérances de la France. Ce général, dont le nom a été cité souvent avec éloge, a siégé pour la première fois en 1828 ; il commande en ce moment une des brigades de l'expédition de Morée.

SEGUY,

[Lot], — *centre droit* (151).

A paru pour la première fois sur l'horizon politique en 1827. C'est à l'influence de l'ex-préfet congréganiste du Lot (le marquis de Saint-Félix-Mauremont) que l'honorable député doit sa nomination. Il a fait preuve de talent dans son rapport relatif au projet de loi sur la presse périodique : il ne manque à M. Seguy que du patriotisme.

SERNIN,

[Aude], — *centre gauche* (249).

Excellent patriote dont le nom n'avait point encore figuré dans nos fastes législatifs ; il remplace dans la députation de son département le marquis d'Aubergeon si connu par son attachement à **M. de** Villèle et aux doctrines de l'ultramontanisme. M. Sernin est médecin à Carcassonne.

SESMAISONS (le comte DONATIEN de),

[Loire-Inférieure], — *centre droit* (55).

En attendant le jour où sa naissance l'appellera à faire partie de la chambre des pairs, ce noble comte vote dans celle des députés avec les amis de la monarchie constitutionnelle.

SIMMER (le baron FRANÇOIS-MARTIN-VALENTIN),

[Puy-de-Dôme], — *côté gauche* (80).

Est né le 7 août 1774. Il entra au service comme simple soldat, en 1791, et fit avec distinction les campagnes de la révolution. Chef d'escadron et officier de la légion d'honneur en 1807, il gagna par son intrépidité et ses talens, le grade de général de brigade et le titre de commandant de la légion d'honneur dans la désastreuse campagne de Russie.

Le général Simmer était employé dans la 19ᵉ division militaire lorsque Napoléon revint de l'Ile d'Elbe. Ce prince le nomma lieutenant-général et l'employa en cette qualité au 2ᵉ corps d'armée, avec lequel M. le baron Simmer se retira sur la rive gauche de la Loire après la bataille de Waterloo. Privé de son grade de général de division par une ordonnance royale du 1ᵉʳ août 1815, proscrit par une décision ministérielle du 26 février 1816, il lui

fut enfin permis de rentrer dans son domicile à
Clermont-Ferrand.

M. le général Simmer a épousé la veuve d'un
M. Tournade avec laquelle il vit paisiblement dans
cette ville, entouré de l'estime et de la considération publiques. Il n'avait fait partie d'aucune législa-
lature avant la session 1828; c'est en remplacement de M. l'abbé de Pradt, démissionnaire dès
l'ouverture de cette session, que ce brave militaire
a été nommé député par les électeurs de Clermont.

M. le général Simmer est un très-bel homme et
a des manières extrêmement affables.

SIMON,

[Moselle], —*centre droit* (396).

C'est un riche banquier de Metz qui, depuis
1819, époque à laquelle il reçut pour la première
fois les honneurs de la députation, jusqu'en l'an
de grâce 1828, n'a ouvert la bouche qu'à la table de
M. Piet ou pour réclamer la clôture au moindre
signe du baron d'Anthès.

STRAFORELLO (Barthélemy),

[Bouches-du-Rhône], — *côté droit* (470).

Riche négociant de Marseille, d'origine génoise;
en huit ans il n'est monté qu'une seule fois à la
tribune; le discours qu'il prononça ne fut compris que de M. Roux, son collègue de députation,
qui l'avait, dit-on, aidé à le rédiger. En revanche,
M. Straforello a souscrit à toutes les exigences
du triumvirat; il a voté pour la loi du sacrilège,

pour l'indemnité, pour le trois pour cent, pour la proposition Laboëssière et pour la loi vandale.

SYRIEYS DE MAYRINHAC,

[Lot], — *extrême droite* (27).

Député en 1815, il se signala dans la chambre introuvable par l'émission des principes les plus outrés ; exclu de la législature depuis la dissolution de cette frénétique assemblée, il n'y rentra qu'à la faveur de la loi du double vote. Son ultracisme et sa souplesse en faveur des ministres lui valurent successivement le titre de conseiller d'état et la place de directeur général de l'agriculture et du commerce : elle ne pouvait tomber en des mains moins habiles. Nous ne chercherons point à analyser les travaux législatifs de ce député ; nous dirons seulement qu'il n'a pas été présenté de loi d'exception ni de mesure contraire aux intérêts du trône et de l'État qu'il n'ait appuyées de son vote et de ses méchans discours. On se rappelle l'orageuse discussion à laquelle a donné lieu sa dernière nomination ; on sait comment il a été admis à siéger dans la nouvelle chambre septennale : eh bien... mais laissons parler le *Courrier français*, voici comment ce journal s'exprimait à l'occasion de la mémorable séance du 10 avril sur le compte de ce député : « Comment se fait-il donc que M. Syrieys reparaisse sans cesse sur la scène, lui qui aurait tant de raisons pour rester à l'écart ; comment se fait-il agresseur lui qui est vulnérable en tant de points ? *Il n'entend rien en économie politique, ni en administration, ni en finance ;* son incapacité est célèbre en France, comme à l'étranger, et il n'en est pas moins

directeur général de l'agriculture. Plein de cette idée lumineuse que *l'agriculture produit trop*, il a fait tout ce qu'il fallait pour diminuer la richesse regardée par lui comme un fléau, et il n'en jouit pas moins d'un riche traitement. *Il a été promu à un haut emploi à la faveur des saturnales, pendant lesquelles furent exclus des fonctions publiques le mérite et l'indépendance de caractère;* les saturnales sont finies, et il est encore en place ! *Il a été condamné en 1817 par la police correctionnelle comme diffamateur*, et on ne s'en résigne pas moins à l'entendre crier sans cesse contre la licence de la presse, l'audace de la calomnie et les dangers de la diffamation. *Il a été nommé par quarante faux électeurs;* et il ne lui en est pas moins permis de siéger à la chambre comme un véritable député. *Il fait des fautes de français qui n'échapperaient pas à un écolier de sixième*, et il ne lui en est pas moins loisible de venir à la tribune quand bon lui semble occuper la place d'un orateur. Est-ce bien à lui à se plaindre d'un tel état de choses ? Ne devrait-il pas au contraire, demander grâce pour toutes les faveurs accumulées sur sa tête ? si la France est condamnée pour l'éternité à lui payer un riche traitement, à subir les effets de sa capacité administrative et à *le voir siéger sans mandat à la chambre*, n'est-ce pas le moins qu'en retour il lui épargne ses philippiques villéliennes ? »
M. Syrieys n'a point tenu compte de ces sévères observations. Chaque fois qu'il s'agit de quelques propositions intéressantes, il prend la parole et par une conséquence fort naturelle la question est toujours un peu plus embrouillée lorsqu'il a parlé. Sa place vient d'être supprimée.

T.

TARDIF,

[Calvados], — *extrême gauche* (120).

Riche banquier de Bayeux, qui a défendu dans la chambre vénale les principes constitutionnels contre les empiétemens d'un triumvirat exécré.

TARDY (le marquis de),

[Loire], — *centre droit* (522).

Obscurantiste que le triumvirat a préféré à M. de Pommerol dont les opinions commençaient à lui devenir suspectes vers la fin de la session de 1827. Il siège depuis l'an passé et son nom n'a encore été prononcé que dans l'appel nominal.

TEIL (le baron),

[Moselle], — *centre droit* (399).

Membre de la chambre servile, cet honorable député s'est borné à déposer ses boulettes dans l'urne du scrutin : nous ignorons si c'est en faveur ou en opposition du ministère Villèle. Beaucoup de gens pensent que sa place d'administrateur des forêts à Thionville a dû le faire pencher pour les projets du triumvirat; d'autres assurent que l'honorable baron, qui jouit de la réputation d'un homme de bien, n'a jamais transigé avec sa conscience. Nous préférons adopter l'opinion de ces derniers, car il nous serait trop pénible de rencontrer dans le fils du général du Teil, qui fut l'un des professeurs de Napoléon, un ennemi de nos institutions.

TERRIER DE SANTANS (le marquis),

[Doubs], — *côté droit* (61).

M. de Villèle l'a fait nommer gentilhomme honoraire de la chambre du roi à l'époque du sacre ; il eût préféré une préfecture ; mais il n'y en avait pas de vacante, et le ministère était trop satisfait de la gestion des petits despotes de nos départemens pour en disgracier un seul ; force a donc été à l'honnête marquis de se résigner. On assure qu'il n'a pas renoncé à ses prétentions, et qu'il compte beaucoup sur les congréganistes dont le ministère actuel subit encore, quoiqu'on en dise, la désastreuse influence. **M.** le marquis Terrier de Santans a déjà deux croix.

TERNAUX (le baron GUILLAUME-LOUIS),

[Haute-Vienne], — *centre gauche* (432).

Il est né a Sedan, département des Ardennes, le 8 octobre 1763. Ce député, qui s'était deja acquis de justes éloges dans les précédentes législatures, a mis le sceau à sa réputation depuis l'ouverture de la nouvelle chambre septennale ; son discours, dans le projet de loi relatif à l'emprunt des 80 millions, est à la fois un acte de courage et un monument d'éloquence et de vérité. **M.** Ternaux est un des premiers manufacturiers de l'Europe ; les villes de Se-

18

dan, de Reims, d'Aix-la-Chapelle, de Vervins, de Louviers, d'Elbeuf, de Saint-Ouen, etc., lui doivent des établissemens dont l'exploitation procure l'existence à une foule innombrable de citoyens ; Paris, Bordeaux, Gênes, Livourne, Naples, etc, renferment des dépôts de ses riches manufactures. Mais c'est peu que de posséder une immense fortune si on se borne à l'employer seulement dans son propre intérêt : M. Ternaux fait le plus noble usage de la sienne ; outre les trente mille bras qu'il occupe, des milliers de français, réduits à l'indigence, doivent à ses bienfaits la conservation de leurs jours. Pour donner une idée des sentimens dont cet honorable député a toujours été animé et de ce que l'industrie et le commerce peuvent attendre de ses efforts, nous nous bornerons à reproduire ici ce qu'il disait en 1815 au conseil général des manufactures dont il était vice-président, à propos des maîtrises et jurandes qu'on voulait ressusciter : « Si je pouvais faire taire ma » conscience, je payerais volontiers cinquante mille » écus la patente qui les rétablirait ; mais, mes- » sieurs, si elles ne fussent pas tombées en desué- » tude lorsque j'ai commencé ma carrière, rien de ce » que j'ai créé n'aurait pu être fait par moi ; vous » mêmes ne seriez pas ce que vous êtes ; je n'aurais » pas l'honneur de vous présider, et je suis convaincu » que nous serions ce que sont aujourd'hui la Polo- » gne et l'Espagne ; jugez si je puis opiner en faveur » des privilèges. » M. Ternaux n'a point fait partie de la chambre-Villèle ; mais à la dissolution de cette chambre, il a été élu à la fois par le département de la Seine et par celui de la Haute-Vienne : il a opté pour ce dernier.

THÉNARD (le baron),

[Yonne], — centre gauche (252).

Professeur de chymie et doyen de la faculté des sciences; il n'est pas moins cher à la France par ses vertus privées et ses vastes connaissances que par son ardent patriotisme. C'est en 1827 que M. Thénard a été appelé pour la première fois à la législature.

THIARS (le général comte),

[Saône-et-Loire], — extrême gauche (287).

Il émigra en 1791, servit dans l'armée de Condé et s'attacha particulièrement au duc d'Enghien, qui eut toujours en lui la plus profonde confiance. Rentré en France sous le consulat, il fut nommé candidat au corps législatif en 1803, par le collège de Châlons-sur-Saône. Il avait alors pour concurrent le général Duhesme mort depuis à la bataille de Waterloo; à cette occasion un officier de l'état-major de ce dernier dit aux électeurs pour les déterminer à élire leur général: « Voulez-vous nommer un homme dont les » bottes sont encore couvertes de la boue de Co-» blentz? » Duhesme l'emporta de quatre voix sur le comte de Thiars. Pendant la campagne de Prusse, Napoléon, dont il était devenu chambellan, le nomma gouverneur de Dresde et d'une partie de la Saxe. Il donna sa démission qui fut d'abord refusée et ensuite acceptée après la saisie de quelques lettres qui compromettaient le général; exilé dans une de ses terres de Saône-et-Loire; il fut rappelé au mariage de l'empereur. En 'mars 1815 le Roi lui confia le commandement du département de l'Aisne ; mais il ne fit rien pour s'opposer à l'invasion de Napoléon. Député à la chambre des représentans, il y vota avec les amis de la liberté. En 1821 il fut réélu, et depuis cette époque, il n'a cessé de défendre avec chaleur, les principes constitutionnels auxquels il parait loyalement attaché.

THIBORD DU CHALARD,

[Creuze], — *centre gauche* (311).

Cet honorable député a siégé à droite en 1816 ; exclu, depuis, de la législature, il n'a pu être réélu qu'aux élections de 1827 ; instruit par l'expérience, il parait s'être rallié franchement aux amis de la liberté. M. Thibord du Chalard remplace M. Augier du Chezeau dans la députation de la Creuze.

THIL,

[Seine-Inférieure], — *côté gauche.*

Il a débuté dans la carrière législative de la manière la plus patriotique et la plus brillante. M. Thil, dont le nom n'avait point encore paru parmi ceux de nos députés, s'est déjà signalé par des discours fort remarquables dans la session de 1828 ; il s'est élevé avec force contre les fraudes ministérielles et a contribué par la puissance de ses raisonnemens à faire annuler l'élection de Chardonnet et celle de Garnier Dufougerai comme étant le résultat d'un système corrupteur. Il a voté pour le nouveau projet de loi retalif à la formation des listes électorales, et contre l'emprunt des 4 millions de rentes , après s'être attaché à démontrer, dans un très-beau discours que cet emprunt n'était pas justifié par des motifs d'une urgente nécessité.

THOMASSIN DE BIENVILLE (le comte),

[Haute-Marne], — *côté droit* (528).

Était de la première chambre septennale et de cette majorité avide et servile sortie de la corruption de l'ancien système électoral. Cet honorable est chevalier de Saint-Louis et de la légion d'honneur, maire de la commune de Bienville, membre du conseil général de la Haute-Marne et... voilà tout.

THOUVENEL ,

[Meurthe], — *extrême gauche.*

C'est encore un de ces honorables citoyens que les électeurs constitutionnels ont envoyé à la nouvelle chambre septennale. M. Thouvenel n'avait point encore siégé avant la dernière session ; son début a révélé à la France un courageux défenseur de plus des principes sacrés de la liberté ; voici comment il s'est exprimé à l'occasion des fraudes électorales commises dans la Meuse :
« Le département de la Meuse est un de ceux où
» les élections ont été manœuvrées avec l'art le
» plus insidieux et le plus révoltant qu'on puisse
» imaginer ; on peut présenter le préfet de ce dé-
» partement comme le plus rusé tacticien électoral

» de France. Parmi les nombreux méfaits électo-
» raux dont il s'est rendu coupable, il en est deux
» qu'il a avoués en présence du bureau et sur les-
» quels on a passé sans avoir l'air d'y mettre aucune
» importance.» Puis signalant les moyens odieux employés par l'administration : « ce serait peut-être,
» a-t-il ajouté, le moment de dire un mot de ces
» hommes qui faisaient métier d'hypocrisie et de
» fraude, de ces hommes qui aspirent à changer
» la France en un peuple de vils corrupteurs et de
» vils corrompus ; qui, par un chef-d'œuvre de
» tartuferie, marchaient à la ruine de l'institution à
» laquelle ils prêtaient serment. » Il a terminé son
discours en qualifiant : *d'enfans de la fraude, de
bâtards ministériels* les députés nommés par l'influence de ces manœuvres que réprouve la délica-
tesse. M. Thouvenel a soutenu la proposition Jan-
kovitz (*voyez ce nom*), comme éminemment morale
et constitutionnelle, et s'est prononcé pour toutes
les améliorations favorables que réclament nos besoins et l'honneur national.

TIRLET (le lieutenant-général vicomte Louis de),

[Marne], — *centre droit* (100).

Est un ancien élève de l'école d'artillerie de
Châlons. Né en 1773 ; capitaine d'artillerie en 1793 ;
chef de bataillon des pontonniers en 1796 à l'armée
de Sambre et Meuse ; colonel et chef d'état-major
d'artillerie à l'armée d'Orient en 1799 ; général de
brigade en 1803 ; général de division en 1813 ;
inspecteur général d'artillerie en 1814 ; chevalier de
Saint-Louis et grand officier de la légion d'honneur

à la restauration, commandant l'artillerie du 2ᵉ corps d'observation dans les cent jours. Le général Tirlet a été employé successivement en Hollande, en Allemagne et en Espagne; il fut cité avec distinction lors de la retraite de Portugal en 1812. Il siégeait pour la première fois en 1828.

TONNET-HERSENT,

[Deux-Sèvres], — *côté gauche* (290).

A été élu à Niort par une majorité de 281 suffrages sur 320 votaus. M. Tonnet est un élève de l'école polytechnique; il était capitaine d'artillerie lorsqu'il sortit du service; depuis cette époque il a habité la campagne et s'y est livré exclusivement à l'étude. Modeste, sans ambition et dévoué au maintien des libertés garanties par la charte, sa place était marquée d'avance parmi les plus zélés partisans du régime constitutionnel.

TOUPOT DE BEVAUX,

[Haute-Marne], — *centre gauche* (307).

Vice-président du tribunal de première instance de Chaumont. Envoyé à la chambre élective en 1819, il s'y fit remarquer par son ardent patriotisme et une élocution facile; il vota contre les lois d'exception et l'odieux système électoral qui accordait un double vote à la grande propriété; proposa divers amendemens favorables à la liberté, tels que celui d'obliger les préfets d'inscrire sur un tableau les noms des personnes qu'ils feraient arrêter, et les ministres de présenter ces tableaux à la chambre, dès l'ouverture de la session, etc. Monsieur Toupot de Bevaux ne fut point réélu à l'expiration de son mandat; il n'est rentré à la législature que depuis la dissolution de la chambre vénale.

TRACY, (Destutt de),

[Allier] , — *extrême gauche* (288).

Si connu par des travaux sientifiques, siége pour la première fois en 1828. Dans la séance du 10 avril il a prononcé un très-beau discours en faveur de la proposition de M. Bacot de Romans tendant à révoquer la fameuse commission Laboëssière. M. Destut de Tracy est fils du pair de France de ce nom.

TREGOMAIN (Auber de),

[Ille-et-Vilaine] , — *centre droit* (510).

L'un des anciens chefs de la chouannerie et des plus riches propriétaires de son département. Il a été élu député en 1820, 1822, 1824 et 1827 par le grand collége d'Ille-et-Vilaine. Une place qu'il occupe dans les haras l'a fait passer pour Villéliste, mais nous pouvons affirmer qu'il ne mérite point ce titre flétrissant. M. de Trégomain est de ces royalistes qui veulent l'exécution pleine et entière de la charte constitutionnelle et qui pensent que les jésuites ne sont pas les gens les plus dévoués au maintien des prérogatives du trône. On assure que cet honorable député a des mœurs fort douces et qu'il est d'une obligeance extrême envers ses commettans.

TRONCHON,

[Oise], — *côté gauche* (180).

C'est le fils du vertueux citoyen de ce nom qui fit partie de l'assemblée législative en 1791, de la chambre des députés de 1817 à 1823, où il siégea pendant la session de 1828. M. Tronchon a hérité des vertus et des principes politiques de son vénérable père, mort depuis la clôture de la dernière législature.

Il avait d'abord pour concurrent M. de Montguyon, propriétaire à Baux-sous-Senlis, et membre du conseil général du département de l'Oise depuis plus de vingt ans, ensuite M. de Gravilier maire de Longueil-sous-Tourotte, homme généralement estimé, et enfin l'honnête vicomte Héricart de Thury, que le *dictionnaire des girouettes* présente, avec raison, comme dévoué à Napoléon sous l'empire, et aux Bourbons depuis la restauration. Les électeurs de Compiègne ont dû préférer le fils d'un ancien député, qui a laissé des souvenirs si chers à tous les amis des institutions libérales. Sur 285 votans il a réuni 204 suffrages et M. Héricart de Thury, candidat de la congrégation, n'a pu en obtenir que 69, malgré tous les efforts de l'ultramontanisme et des partisans du système déplorable.

TURKEIM (Frédéric de),

[Bas-Rhin], — *centre gauche* (241).

C'est le fils du baron de Turkeim, ancien député. Il était de la chambre servile et votait avec la minorité libérale. M. de Turkeim est un des plus riches banquiers de Strasbourg et le plus jeune des membres de la nouvelle chambre. Son père a été long-temps ministre des finances du grand duché de Bade.

TURMEL (de),

[Moselle], — *centre droit* (398).

C'est le maire de Metz. Il était arrivé à la chambre Villèle avec une apparence de patriotisme et de désintéressement ; mais il subit bientôt l'odieuse influence de la trésorerie ; nommé successivement inspecteur des forêts, payeur du département de la Moselle, M. de Turmel ne cessa de donner au feu triumvirat des gages de sa tendresse et de son dévouement : il vota pour toutes les mesures anti-nationales qui ont été qualifiées de *déplorables*. Réélu, grace aux efforts du parti-prêtre, il attend pour se prononcer en faveur du nouveau ministère qu'on ne soit plus menacé du retour de l'ancien. M. de Turmel est chevalier de Saint-Louis, officier de la légion d'honneur et membre du conseil général de son département.

U.

URVOY DE SAINT-BÉDAN,

[Loire-Inférieure], — *centre droit* (260).

A été élu à Niort en remplacement de M. le comte de Sesmaisons, *passé pair de France.* M. Urvoy de Saint-Bédan ne siége que depuis l'ouverture de la nouvelle chambre septennale ; il est ami de nos institutions.

V.

VALON (le comte de),

[Corrèze], — *côté droit.*

Est maire de Tulle et membre du conseil général de son département. Dans les dernières sessions il s'est élevé avec force contre le système déplorable de nos triumvirs ; ses discours ont un cachet de loyauté qu'il est impossible de ne pas reconnaître. M. le comte de Valon peut être considéré comme un des plus sincères amis du trône et de nos institutions.

Il a rempli les fonctions de secrétaire de la chambre pendant la session de 1828.

VASSAL (Roman),

[Seine], — côté gauche (10).

Des sentimens généreux recommandent ce député qui a commencé sa carrière législative en 1828. C'est un des plus riches banquiers de la capitale.

VAULCHIER (le marquis Louis de),

[Jura], — côté droit (468).

C'est le principal appui du parti-prêtre. M. de Vaulchier dont personne n'a pu nous faire connaître l'origine, était préfet du Jura lorsque Napoléon revint de l'île d'Elbe ; il marcha contre lui ; mais reconnaissant l'impossibilité d'arrêter ce prince, il se retira : cet acte de dévouement lui valut, à la seconde restauration la préfecture de Saône-et-Loire ; destitué sous le ministère Decazes, il fut porté à la députation par les électeurs à double vote. Sa souplesse en faveur de MM. de Villèle, Corbière et compagnie, lui valut la place de préfet à Strasbourg et presque en même temps celle de directeur général des postes. On sait comment, sous son administration, des pamplets sans nom d'imprimeur ont circulé, au mépris des lois, d'un bout de la France à l'autre ; on sait comment le secret des familles a été odieusement livré à la direction du cabinet noir ; les vols de billets de banque, de lettres de change qui ont été commis sans qu'on ait encore daigné informer sur d'aussi graves délits.

Interpelé à diverses reprises par le cote gauche et notamment par Dupont de l'Eure dans la séance du 5 mai 1828, M. de Vaulchier se présenta enfin à la tribune : « ne vous expliquez pas, s'écria-t-on à » droite. » Cependant pressé de toutes parts, il prononça ces mots d'une voix altérée : « Il ne con- » vient ni à moi, ni à vous, puisque j'ai l'honneur » d'être membre de cette chambre, que je joue ici » le rôle d'accusé; la tribune n'est pas une sellette; » je ne m'y laisserai pas traduire ; devant toute » *autorité compétente*, je suis prêt à répondre » avec autant de facilité que de franchise. » Et l'honorable en achevant ses mots, retourna à sa place au milieu des éclats de rire du côté gauche et des bravos du côté droit; voilà tout ce qui en a été jusqu'à présent. M. Vaulchier a été enfin remplacé à la direction générale des postes par M. le baron de Villeneuve (voyez ce nom et PE- TOU), et a passé à la direction générale des doua- nes, où il restera jusqu'à ce que le nouveau minis- tère ait le courage de s'affranchir de la congrégation.

VAULOT,

[Vosges], — *côté gauche* (291).

L'un des principaux maîtres de forges de son département, n'est pas moins connu par son pa- triotisme et sa probité que par la fortune co- lossale dont il jouit. Cet honorable citoyen répond dignement à la confiance des électeurs qui lui ont accordé leurs suffrages.

VAUQUELIN (Nicolas-Louis),

[Calvados], — côté gauche (72).

Membre de l'institut et de presque toutes les académies de l'Europe. Ce célèbre professeur de chimie est né, en 1763; il fit ses études à Rouen et à Paris. M. Vauquelin, dit l'auteur d'une notice biographique, n'a publié ex-professo, que le *Manuel de l'essayeur*, 1812, in 8°; mais il doit sa haute réputation aux belles analyses qu'il a faites, soit de concert avec Fourcroy, soit en particulier à ses expériences publiques, et aux mémoires qu'il a publiés dans les *Annales de chimie,* dans le *Journal des mines,* dans les *Annales du muséum,* dans le *Journal de physique* et dans *l'Encyclopédie méthodique,* ou qu'il a lus à l'académie; ces mémoires sont en grand nombre. M. Vauquelin joint aux connaissances les plus profondes et les plus étendues, un ardent patriotisme. Il n'avait point encore été appelé à la législature avant la session de 1828.

VERNA (Victor de),

[Rhône], — côté droit (339).

Cet honorable avait pour concurrent M. Fulchiron, citoyen recommandable par ses vertus privées et son attachement pour nos institutions. M. de Verna ne l'a emporté sur lui que de quelques voix, encore a-t-il fallu pour assurer son triomphe toute l'influence municipale et celle du préfet du Rhône. M. de Verna siégeait pour la première fois en 1828 : avant sa nomination il n'était connu que des congréganistes de Lyon.

VERNEILH DE PUYRAZEAU (le baron),

[Dordogne], — *côté gauche* (378).

A été maire et président du tribunal de Nontron: député à l'assemblée législative en 1791, il y fit rendre plusieurs décrets favorables aux intérêts populaires; il rentra dans la vie privé en 1792, et vécut dans la retraite jusqu'en 1796, époque à laquelle il fut nommé juge-de-paix de Bussière-Badil et successivement haut-juré à la haute cour de Vendôme, président du tribunal criminel de la Dordogne. En 1800, on lui confia la préfecture de la Corrèze et, en 1802, celle du Mont-Blanc qu'il occupa jusqu'en 1804. Disgracié pour des causes relatives à la conscription, il rentra dans la retraite où il publia une Statistique du département du Mont-Blanc. Après avoir dirigé quelque temps un bureau au ministère de l'intérieur, il fut élu membre du corps législatif. M. Verneilh de Puyrazeau a fait partie de la chambre des députés pendant les sessions de 1817, 1818, 1819, 1820 et 1821, et a constamment voté avec le côté gauche contre les mesures exceptionnelles. Cet honorable citoyen avait cessé de figurer parmi les défenseurs de nos institutions. C'est au zèle, au patriotisme des électeurs de Périgueux que nous devons son retour à la législature.

VICHY (le comte ABEL de),

[Saône-et-Loire], — *centre droit* (449).

C'est le neveu de l'évêque d'Antun. M. le comte de Vichy a été nommé par la noblesse du pays ; on pense toutefois qu'il professe des opinions favorables au régime constitutionnel. La place qu'il a choisie dans la nouvelle chambre semblerait nous le faire croire, cependant cet honorable député n'a rien encore dit qui puisse nous permettre de prononcer d'une manière positive à son égard.

VIENNET (JEAN-PONS-GUILLAUME),

[Hérault], — *côté gauche* (435).

Fils de Jacques-Joseph Viennet, membre de l'assemblée législative, de la convention nationale et du conseil des Cinq cents, est né à Béziers le le 18 novembre 1777 ; il servit longtemps dans l'artillerie de la marine et fut admis au corps royal d'état - major de cette arme, où il devint chef de bataillon en 1822. M. Viennet à pris une glorieuse part à nos grandes affaires, notamment à celles de Lutzen, de Bautzen, où il gagna la croix d'honneur, de Dresde et de Leipsick, où il fut fait prisonnier, après la destruction du pont. Rendu à sa patrie en 1814, il fut mis à la demisolde ; fixé à Paris depuis la restauration, il a consacré ses loisirs aux Muses, et s'est acquis une place très-distinguée parmi nos poètes contemporains ; ses principaux ouvrages sont : un volume de poésies dans lequel se trouve un *Épitre à M. Re-nouard*, qui fut couronnée par l'académie de Jeux floraux en 1810; un recueil de 24 *Épitres* sur des sujets politiques et littéraires; un poème de *Parga* qui a eu trois éditions; une tragédie de *Clovis*, représentée au théâtre francais, etc. Celui qui va mettre le sceau à sa réputation est un poème en 21 chants, dans la manière de l'Arioste, et dont le héros est *Philippe-Auguste;* il en a lu plusieurs fragmens à la société philoctechnique dont il est membre. M. Viennet travailla au journal de Paris depuis 1815 jusqu'en 1818; mais il se sépara des rédacteurs de cette feuille dès l'instant qu'elle fut vendue au ministère. Il vient de faire paraître une pièce de vers qui a le plus grand succès; cet opuscule a pour titre : *Épitre aux mules de don Miguel.* Cet honorable citoyen siégeait pour la première fois en 1828. Depuis sa nomination, il a paru plusieurs fois à la tribune, notamment le 20 mai, où, dans un très—beau discours, il a flétri les efforts du parti-prêtre, et la politique des cabinets étrangers.

VILLEBRUNE (de),

[Ille-et-Vilaine] , — *centre droit* (338).

A été nommé depuis l'annullation de l'élection de M. Garnier Dufougeray; ce dernier était son compétiteur: il n'a pu réunir que 106 voix malgré les efforts des congréganistes. M. de Villebrune, qui n'avait point encore siégé, occupait sous l'ancienne administration, la place de secrétaire-général de préfecture dans les départemens d'Ille-et-Vilaine; il fut destitué par M. Corbière. Cette disgrâce donne la mesure des opinions et des sentimens que le nouveau député apporte à la chambre élective.

VILLENEUVE DE BARGEMONT (le baron Joseph de),

[Haute-Saône], — *centre droit* (327).

Était de la chambre servile où, en sa qualité de préfet, il appuyait de ses boulettes tous les projets du ministère Vandale. A l'époque de la restauration cet honorable remplissait la place de conseiller référendaire à la cour des comptes; il fut nommé préfet de la Haute-Saône après le second retour du Roi. En 1825, il passa à la préfecture de Saône - et - Loire; depuis l'ouverture de la nouvelle chambre septennale, il a remplacé l'honoable marquis de Vaulchier à la direction générale des postes, et reçu le titre de conseiller d'État en service ordinaire, par ordonnance du 12 novembre 1828. M. le baron de Villeneuve avait d'abord été nommé directeur-général des douanes en remplacement de M. de Saint-Cricq, promu à la dignité de ministre du commerce. (*Voyez* Saint-Cricq et Vaulchier.)

On croit généralement que M. de Villeneuve, parvenu au but de tout ses désirs, tient maintenant à ce qu'on exécute franchement tout ce que prescrit la Charte.

VOYER D'ARGENSON (le comte),

[Eure], — *côté gauche* (352).

Cet estimable citoyen est né à Paris en 1771; descendant d'une famille illustrée par ses vertus et ses services, il quitta la France dans le moment de la terreur et s'empressa d'y rentrer après le 18 brumaire. Nommé préfet des deux Nèthes en 1809, il refusa de faire exécuter le fameux Sénatus-Consulte qui cassait un jugement par jury, rendu à Anvers en matière d'octroi, et donna sa démission. Le roi, à la restauration, voulut lui confier la préfecture des Bouches-du-Rhône; mais M. Voyer-d'Argenson refusa cette place et ne reparut sur la scène politique que comme mandataire du peuple. Membre de la chambre des représentans en 1815, il fit partie de la commission de gouvernement auprès des alliés; réélu à la chambre *introuvable*, il figura à la tête de cette courageuse minorité qui mérita si bien de la patrie; on le vit s'élever avec une énergie digne des plus grands éloges contre les massacres des protestans du midi et repousser avec force les lois sur les cours prévôtales, sur la liberté et sur les dotations du clergé. En 1819 il continua de défendre avec la même vigueur la cause nationale. Lors de la loi suspensive de la liberté individuelle, il prononça un discours dans lequel on remarquait ce passage : « La charte a été » la condition de la restauration, car il y a dans la » charte trois dispositions principales, sans les— » quelles il n'y aurait plus de charte; ces conditions » sont : 1° la réalité d'une représentation vraiment

» nationale ; 2° la liberté de la presse ; 3° la sureté
» des citoyens, qui ne peuvent être distraits de
» leurs juges naturels ; je demande si la charte sur-
» vivra, lorsqu'on aura obtenu trois lois qui dé-
» truisent ces trois dispositions. » Depuis 1822, le
nom de cet honorable député avait disparu de la
liste de nos législateurs. Il a enfin été réélu en 1827,
aux acclamations de la France constitutionnelle, par
l'arrondissement de Pont-Audhemer. Sur 392 votans M. Voyer d'Argenson a réuni 312 suffrages.
M. de Tourville, procureur du Roi et beau-frère
de M. de Vatismenil, n'a pu obtenir que 60 voix,
malgré tous les efforts des déplorables dont il était
le candidat.

VOYSIN DE GARTEMPE (le baron),

[Creuse],—*centre gauche*(380).

Ce député a été long-temps procureur syndic à
Gueret ; il est maintenant conseiller à la cour de
cassation et officier de la légion d'honneur. Membre de l'assemblée législative, il fut incarcéré en
1793 pour s'être élevé contre Pétion et son parti ;
dès-lors il disparut tout-à-fait de l'horison politique. En 1815, la Moselle le choisit pour un de ses
députés à la chambre *introuvable* ; il y vota avec
la minorité ministérielle : réélu en 1816, en 1820
et en 1827, il a toujours siégé au centre et appuyé
de ses discours et de ses boulettes les projets du
gouvernement, quels qu'aient été les ministres.
M. Voysin de Gartempe n'a point fait partie de la
chambre servile.

W.

WANGEN DE GEROLDSECK (le baron),

[Bas-Rhin], — *centre droit* (463).

A commencé sa carrière législative dans la chambre vénale, et fait partie des trois cents. Réélu par l'influence de l'obscurantisme, il ne vote qu'avec la plus grande contrainte pour les projets du ministère actuel. M. le baron Wangen de Geroldseck a déjà deux croix.

Z.

ZORN DE BOULACH (le baron),

[Bas-Rhin], — *centre droit* (202).

Il a été nommé sous l'influence du ministère Villèle; cependant on assure que cet honorable député, qui siégeait pour la première fois en 1828, veut le maintien de nos institutions et toute la charte constitutionnelle. M. le baron de Boulach est chevalier de Saint-Louis et officier de la légion d'honneur. L'almanach royal qui nous présente ce député décoré de ces ordres ne nous dit pas comment il en a obtenu les brevets.

SUPPLÉMENT.

SUPPLÉMENT.

BÉRIGNY,

[Seine-Inférieure], — *centre gauche.*

Le nom de cet honorable député n'avait pas encore figuré parmi ceux des mandataires de la france à la chambre législative.

C'est un remplacement de M. de Malartic, mort depuis la clôture de la dernière session, qu'il a été élu par l'arrondissement de Dieppe. Il avait pour concurrent M. Estancelin, riche propriétaire de la ville d'Eu, non moins recommandable par ses vertus privées que par son patriotisme. Sur 378 votans M. de Bérigny obtint 210 suffrages, et son compétiteur ne put réunir que 154 voix. Le résultat des opérations du collége de Dieppe causa d'abord quelque surprise, car la nomination de M. Estancelin paraissait assurée. Le journal du Hâvre nous a donné à ce sujet l'explication suivante :

» Nous tenons aujourd'hui, dit cette feuille, le fil de l'intrigue qui a conduit M. de Bérigny à la députation. C'est un intérêt tout local qui a décidé la lutte engagée à Dieppe entre ce candidat et ses concurrens. Les Dieppois, depuis long-temps, couvaient dans leurs désirs le projet du canal de Dieppe à Paris. La dépense des travaux nécessaires s'élevait à 28 millions pour l'accomplissement d'un dessein regardé jusqu'ici comme impraticable : il en coûterait cher comme on le voit, pour en tenter l'exécution. Mais Dieppe n'y regarde pas de si près. M. de Bérigny est un inspecteur divisionnaire des ponts et chaussés. On a considéré qu'un titre de dé-

puté, en lui donnant une grande influence, tour-
nerait au profit de la ville qui l'aurait élu. »

Espérons que le journal du Hâvre a été mal in-
formé, et que si quelques électeurs intéressés ont
spéculé sur la nomination de M. de Bérigny, ce député saura démentir à la chambre, les espérances
coupables qu'on a pu fonder sur lui sans sa participation.

BOISBERTRAND (Tessières de),

(Voyez ce nom page 38.)

Le ministre de l'intérieur vient d'autoriser cet
honorable à joindre à son titre d'administrateur-
général des établissemens d'utilité publique celui de
directeur de l'agriculture : il était impossible de
mieux racheter aux yeux de la congrégation le tort
de l'avoir enlevé à M. Sirieys de Mayrinhac. Pauvre agriculture ! la voilà tombée de Charibde en
Scylla.

BOUCHET,

(Voyez page 42.)

Il vient de donner sa démission.

BOSC,

[Aude], — *côté gauche.*

Excellent citoyen que le collége électoral de
Castelnaudari vient d'élire en remplacement du brave
et savant lieutenant-général Audréossi, dont les
amis des libertés publiques pleureront long-temps
la perte. M. Bosc n'a point la célébrité de son prédécesseur ; mais c'est un homme de bien, essen-
tiellement populaire. On sait, dans le pays, avec

quelle persévérante énergie il a lutté au conseil d'arrondissement dont il est membre contre les jé-suites et les villéliens. Le choix que l'on a fait de lui est une juste récompense de sa conduite passée et un encouragement pour celle à venir. Il doit en grande partie sa nomination au désintéressement du général Clausel qui s'est démis généreusement en sa faveur de la candidature. Au deuxième tour de scrutin, sur 439 votans, M. Bosc a réuni 254 suf-frages. Ce député vient d'être honoré des injures de la *Quotidienne.*Ce journal, qu'on a si bien sur-nommé *la mère Duchéne,* s'exprime en ces termes à l'égard du nouvel élu, dans son numéro du 14 janvier 1829 : « Il paraît que M. Bocs, qui n'est » pas médecin, comme on l'avait dit, est tout sim-» plement *un homme sans consistance et sans* » *esprit,* qui aura une boule de plus a donner au » côté gauche, sans se mettre en peine de com-» prendre les discussions de la tribune. » Et ce journal criait naguère à licence ! A-t-on vu rien de semblable dans les feuilles libérales au sujet des man-dataires de la congrégation?

BOURDEAU (le baron),

(Voyez ce nom page 43.)

Il vient d'être nommé sous-secrétaire d'état au département de la Justice.

CASSAIGNOLES,

[Ardèche], — *centre gauche.*

Ancien juge à la cour d'appel d'Agen, aujour-d'hui premier président de la cour royale de Nîmes;

(300)

il vient d'être élu par le grand collége de l'Ardèche
qui avait à donner un successeur à M. le comte de
Granoux, mort depuis la clôture de la session de
1828. Au premier tour de scrutin M. Cassaignoles
a réuni 46 suffrages sur 78 votans. Le sieur de
Monthureux, ex-préfet de ce département, qui s'é-
tait mis sur les rangs, d'après les encouragemens
que lui avait donnés M. de Bernis (voyez ce nom)
n'a pu obtenir qu'une voix, et c'est probablement
celle de ce dernier qui a si bien défendu, l'an passé,
l'administration de l'honnête préfet. Quoiqu'il en
soit, hâtons-nous de faire connaître le nouveau
député de l'Ardèche. M. Cassaignoles fut envoyé
en 1817 à la chambre élective par le département
du Gers ; ses discours et ses votes furent ceux
qu'on devait attendre d'un magistrat plein d'équité
et ami des institutions libérales. La chambre le choisit pour un de ses secrétaires. Au mois de janvier
1818, il proposa d'abroger l'article 11 de la loi du 9
novembre 1815, relative aux écrits séditieux et aux
provocations à la révolte. Il établit qu'une nouvelle
alarmante, un cri séditieux même, ne supposaient pas
toujours un véritable esprit de sédition. « Dans ces
» délits, comme dans tous les autres, dit-il, il faut sou-
» vent faire la part de l'ignorance, de la grossièreté,
» de la séduction, de l'intempérance, et de mille
» autres causes qui peuvent atténuer le délit. » Il
se prononça ensuite en faveur des contribuables et
signala la manière vicieuse dont les contributions
était réparties. M. Cassaignoles désirait, dans la confection du cadastre, qu'on s'en rapportât moins aux
experts qu'aux opérations géométriques, les uns
étant sujets à toutes sortes d'erreurs, et celles-ci
ne présentant que des résultats infaillibles. Le 6

mars 1819, il appuya la proposition de Benjamin Constant tendant à régulariser les scrutins. « Sou- » vent il est arrivé ; dit l'honorable membre, que » l'on accusait le bureau et que l'on réclamait contre » la décision. Il est bon que les délibérations de la » chambre et l'honneur du bureau soient à l'abri de » semblables contestations. » Le 17 avril, il fit, au nom de la commission centrale, un rapport sur le projet relatif aux délits de la presse. M. Cassaignoles s'exprima dans ces termes : « Quoiquê le » projet embrasse à la fois les divers moyens de » publication, il n'a pas échappé à la commission » que la pensée dominante était la liberté de la » presse, véritable garantie de toutes les libertés. » M. Cassaignoles ne fut point réélu à l'expiration de son mandat, et c'est avec une bien vive satisfaction qu'on a vu le nom de ce vénérable magistrat sortir de l'urne électorale du grand collége de l'Ardèche.

CAUNA (le baron de),

(Voyez page 63.)

Cet honorable député vient de mourir : le département des Landes a donc un nouveau mandataire à nommer.

CLÉMENT,

(Voyez page 76.)

Il a siégé de 1819 à 1824. Il est inutile de dire qu'il s'est montré pendant toute la durée de son mandat, tel qu'il fut toujours, ami des institutions libérales.

DUMANS,

[Mayenne], — *centre gauche.*

Il remplace M. Leclerc de Beaulieu, mort depuis la clôture de la session de 1828. Son élection a été décidée par les suffrages des électeurs constitutionnels du grand collége de la Mayenne sur la déclaration qu'il a faite de son attachement inviolable au roi et à la charte. M. Dumans avait pour concurrent M. le comte de Hercé, l'un des introuvables de 1815. Sur 177 votans, M. Dumans a obtenu 91 voix et M. de Hercé, candidat de la congrégation, n'a pu en réunir que 81, malgré tous les efforts des absolutistes de Laval. M. Dumans n'avait encore fait partie d'aucune législature.

FAURE (Félix),

(Voyez page 122.)

Il n'a point accepté la place de président de chambre à laquelle il avait été promu, pensant que l'accomplissement consciencieux de son mandat lui prescrivait de rester étranger aux faveurs du pouvoir. Ainsi M. Félix Faure est encore conseiller à la cour royale de Grenoble.

GRÉA,

[Doubs], — *côté gauche.*

C'est le neveu et le successeur de M. Jobez, mort d'une chute de cheval après la clôture de

la session de 1828. Il avait pour compétiteur
M. Meyronnet de Saint-Marc, secrétaire général
du ministère de la justice. Sur 283 votans, M. Gréa
en a réuni 149, M. Meyronnet, 124; billets nuls, 10.
M. Gréa est un grand propriétaire, d'un caractère
ferme et sage, et qui n'a d'autre ambition que celle
de servir son pays. Sa nomination est un dernier
hommage que l'opinion contitutionnelle a payé à la
mémoire du vertueux Jobez.

LACHÈZE,

[Loire], — *côté gauche.*

C'est l'ancien maire de Montbrison. M. Lachèze
jouit de l'estime publique; c'est un franc constitutionnel. Il a siégé dans la chambre des réprésentans
et voté avec les amis éclairés de l'indépendance nationale. Il remplace M. Léo de Levis, appelé à la
chambre héréditaire par la mort de son père, l'un
des 76 de M. de Villèle. Ainsi la congrégation
compte un membre de moins au palais Bourbon,
et la liberté, un défenseur de plus parmi nos législateurs. M. Lachèze avait pour concurrent M. le
marquis de Vougny, qui, grâce à l'influence des
villélistes du département, était parvenu à obtenir
52 voix sur 109 votans; l'honorable membre en a
réuni 57 : il doit en partie sa nomination à M. Du-
gas-de-Montbel qui, à l'exemple du général Clausel
à Castelnaudari, et de M. Marquiset à Besançon, a
renoncé en sa faveur à la candidature. L'élection
de M. Lachèze a causé une joie universelle dans le
pays. Sauveterre, la plus grosse cloche de Mont-

brison a sonné, et des boîtes ont été tirées pendant toute la journée.

LASTIC (le comte de),

(Voyez page 189.)

Un auvergnat digne de foi, nous a assuré que cet honorable député servait dans les armées françaises lorsque *l'usurpateur* donnait des lois à tous les peuples de l'Europe. A-t-il dit vrai, monsieur le comte?

STRAFFORELLO,

(Voyez page 269.)

Il vient de donner sa démission.

SENLIS, IMPRIMERIE DE TREMBLAY.